LES MEILLEURES RECETTES

Best of des CLASSIQUES

LAROUSSE

SOMMAIRE

Soupes, entrées et salades 4

Viande et volaille 46

Poisson et fruits de mer 106

Plats végétariens 140

Desserts 172

Index 214

SOUPES, ENTRÉES ET SALADES

Soupe à la tomate et à la carotte 6

Soupe glacée aux petits pois et au cresson 8

Potage de légumes 10

Velouté de champignons 12

Minestrone aux spaghettis 14

Soupe au poulet et aux petits pois 16

Crottins grillés et salade de poire 18

Brie au four, au miel et aux noix de pécan 20

Soufflés aux deux fromages 22

Feuilletés aux champignons et au parmesan 24

Pissaladière	26
Salade aux lardons	28
Salade niçoise	30
Salade tiède aux foies de volaille	32
Salade César tiède	34
Salade aux pommes de terre et au thon	36
Œufs cocotte au jambon et à la tomate	38
Carpaccio de bœuf	40
Terrine de jambon au persil	42
Rillettes de maquereau fumé au citron	44

Soupe à la tomate et à la carotte

Pour 4 personnes
Préparation et cuisson : 30 min

1 oignon
2 gousses d'ail
1 carotte
1 cuill. à soupe d'huile d'olive
2 brins de thym
75 cl de bouillon de volaille ou de légumes
800 g de tomates olivettes
1 cuill. à soupe de purée de tomates
10 cl de crème fraîche

1 Hachez grossièrement l'oignon, écrasez l'ail et coupez la carotte en dés.

2 Mettez l'huile à chauffer dans une casserole, puis faites revenir l'oignon, l'ail et la carotte pendant 5 minutes. Effeuillez le thym, ajoutez-le dans la casserole avec le bouillon, les tomates et la purée de tomates, puis laissez mijoter 15 minutes.

3 Transvasez le mélange dans le bol d'un robot et mixez jusqu'à l'obtention d'une soupe épaisse, puis incorporez la crème fraîche et servez.

Soupe glacée aux petits pois et au cresson

Pour 4 personnes
Préparation : 10 à 15 min

85 g de cresson
450 g de petits pois surgelés
85 cl de bouillon de légumes
le jus et le zeste de 1 petit citron
sel et poivre du moulin

POUR SERVIR
4 cuill. à soupe de yaourt nature
glaçons (facultatif)

1 Déposez tous les ingrédients, à l'exception du yaourt et des glaçons, dans le bol d'un mixeur. Ne le remplissez pas trop – il se peut que vous ayez à procéder en deux fois. Mixez le tout pendant 2 minutes environ, jusqu'à ce que l'ensemble soit parfaitement homogène et moucheté de « vert cresson ».

2 Salez, poivrez si vous le souhaitez, puis servez aussitôt ou mettez au réfrigérateur jusqu'au moment de servir. Cette soupe se conserve 2 jours au réfrigérateur dans un récipient hermétique ou 1 mois au congélateur.

3 Remuez et servez avec un filet de yaourt et quelques glaçons si vous préférez le potage un peu plus froid.

POTAGE DE LÉGUMES

POUR 2 PERSONNES
Préparation et cuisson : 25 min

200 g de légumes variés (oignons, céleri, carottes…)
300 g de pommes de terre
1 cuill. à soupe d'huile végétale
70 cl de bouillon de légumes
sel et poivre du moulin

POUR SERVIR
2 cuill. à soupe de crème fraîche épaisse
1 cuill. à soupe de menthe ciselée
1 cuill. à soupe de persil ciselé

1 Pelez les légumes, si nécessaire, et hachez-les. Épluchez les pommes de terre, coupez-les en dés, puis mettez l'huile à chauffer dans une casserole et faites rissoler le tout pendant quelques minutes.

2 Versez le bouillon dans la casserole et laissez mijoter de 10 à 15 minutes. Mixez jusqu'à l'obtention d'une soupe lisse, assaisonnez, puis répartissez la soupe dans des bols. Déposez 1 cuillerée à soupe de crème fraîche dans chaque bol. Parsemez de menthe et de persil, puis servez.

Velouté de champignons

Pour 4 personnes
Préparation et cuisson : 1 h

25 g de cèpes séchés
1 oignon
1 gousse d'ail
50 g de beurre
quelques brins de thym
400 g de champignons sauvages mélangés
85 cl de bouillon de légumes
20 cl de crème fraîche épaisse
4 tranches de pain blanc

POUR SERVIR
1 cuill. à soupe de ciboulette ciselée
huile de truffe

1 Portez une casserole d'eau à ébullition. Mettez les cèpes dans un saladier et arrosez-les d'eau bouillante. Laissez-les tremper 10 minutes. Pendant ce temps, pelez l'oignon et l'ail, puis hachez le tout. Mettez la moitié du beurre à chauffer dans une casserole. Faites frire l'oignon, l'ail et le thym 5 minutes à feu doux.

2 Égouttez les cèpes et réservez l'eau de trempage. Ajoutez les champignons sauvages et les cèpes dans la casserole, puis laissez cuire 5 minutes. Filtrez l'eau de trempage des cèpes et versez-la dans la casserole avec le bouillon. Portez à ébullition, puis laissez mijoter 20 minutes. Incorporez la crème fraîche à la préparation et prolongez la cuisson de quelques minutes. Mixez la soupe dans un robot, puis filtrez-la à l'aide d'une passoire fine.

3 Réchauffez le velouté dans la casserole. Pendant ce temps, coupez le pain en dés. Mettez le reste du beurre à chauffer dans une poêle, puis faites revenir les morceaux de pain. Égouttez-les sur du papier absorbant. Parsemez le velouté de ciboulette et arrosez d'huile de truffe, puis servez avec les croûtons.

Minestrone aux spaghettis

Pour 4 personnes
Préparation et cuisson : 45 min

3 grosses carottes
1 gros oignon
4 branches de céleri
2 gousses d'ail
2 grosses pommes de terre
1 cuill. à soupe d'huile d'olive
2 cuill. à soupe de concentré de tomates
2 l de bouillon de légumes
400 g de tomates pelées et concassées en conserve
400 g de haricots blancs
140 g de spaghettis
1/2 chou vert
sel et poivre du moulin

POUR SERVIR
pain croustillant

1 Pelez les carottes et l'oignon, puis hachez-les grossièrement avec le céleri. Réunissez le tout dans le bol d'un robot et mixez brièvement. Pilez l'ail, puis épluchez les pommes de terre et coupez-les en petits dés. Mettez l'huile à chauffer dans une casserole, puis faites revenir l'ensemble à feu vif pendant 5 minutes.

2 Incorporez le concentré de tomates, le bouillon et les tomates concassées à la préparation. Portez à ébullition et laissez mijoter 10 minutes à couvert.

3 Égouttez les haricots, puis rincez-les. Cassez les spaghettis en petits morceaux et coupez le demi-chou en lamelles. Ajoutez les haricots et les spaghettis dans la casserole, puis prolongez la cuisson de 10 minutes. Incorporez le chou au minestrone 2 minutes avant la fin du temps de cuisson et assaisonnez selon votre goût. Servez avec du pain croustillant.

Soupe au poulet et aux petits pois

Pour 4 personnes
Préparation et cuisson : 1 h

2 oignons
3 carottes
1 cuill. à soupe d'huile d'olive
1 cuill. à soupe de feuilles de thym hachées
1 l de bouillon de volaille
300 g de poulet rôti sans la peau
200 g de petits pois surgelés
1 gousse d'ail
3 cuill. à soupe de yaourt à la grecque
jus de citron
sel et poivre du moulin

POUR SERVIR
pain croustillant

1 Pelez les oignons et les carottes, puis hachez le tout. Mettez l'huile à chauffer à feu doux dans une casserole à fond épais. Faites frire les oignons, les carottes et le thym 15 minutes dans la casserole. Arrosez de bouillon. Couvrez et laissez cuire 10 minutes.

2 Coupez le poulet en lamelles et ajoutez-les dans la casserole avec les petits pois. Prolongez la cuisson de 20 minutes.

3 Transférez la moitié de la préparation dans un saladier, puis mixez le reste à l'aide d'un mixeur plongeant. Réunissez le tout dans la casserole et assaisonnez. Pelez l'ail, puis écrasez-le. Mélangez-le avec le yaourt et un filet de jus de citron dans un bol. Versez la soupe dans des bols. Décorez d'une spirale de yaourt à l'ail et au citron, puis servez avec du pain.

Crottins grillés et salade de poire

Pour 2 personnes
Préparation et cuisson : 10 min

1 crottin de chèvre
1 cuill. à soupe de vinaigre de xérès
4 cuill. à soupe d'huile de noix
1 poire mûre
2 poignées de feuilles de salade
10 cerneaux de noix

1 Préchauffez le gril du four. Coupez le crottin de chèvre en deux horizontalement et mettez-le à griller, côté coupé sur le dessus, jusqu'à ce qu'il soit doré.

2 Dans un bol, battez vigoureusement le vinaigre de xérès et l'huile de noix.

3 Épluchez la poire et coupez-la en deux ou en quatre. Dans un saladier, mélangez les feuilles de salade, les quartiers de poire, les noix et la sauce, et disposez sur 2 assiettes. Déposez une moitié de fromage grillé sur chaque assiette. Servez aussitôt.

BRIE AU FOUR, AU MIEL ET AUX NOIX DE PÉCAN

POUR 4 PERSONNES
Préparation et cuisson : 20 min

1 petit brie entier, de 130 g environ
huile d'olive
2 brins de thym
1 poignée de noix de pécan grillées
2 cuill. à soupe de miel liquide

POUR SERVIR
pain frais

1 Préchauffez le four à 200 °C (therm. 6-7). Mettez le brie dans un plat allant au four, faites quelques entailles sur le dessus avec un couteau, arrosez d'huile d'olive et parsemez de feuilles de thym.

2 Couvrez d'une feuille d'aluminium et passez au four de 5 à 10 minutes, jusqu'à ce que le fromage soit coulant. Coupez les noix de pécan en deux et parsemez-en le brie, arrosez le tout de miel et servez aussitôt avec du pain frais.

Soufflés aux deux fromages

Pour 4 personnes
Préparation et cuisson : 40 min

25 g de beurre + un peu pour les moules
25 g de farine
25 cl de lait
100 g de fromage de chèvre
50 g de parmesan
2 cuill. à soupe de fines herbes
5 blancs d'œufs et 4 jaunes d'œufs
sel et poivre du moulin

1 Préchauffez le four à 200 °C (therm. 6-7). Beurrez 4 moules à soufflé d'une contenance de 25 cl.

2 Dans une casserole, faites fondre le beurre, ajoutez la farine et faites cuire environ 1 minute. Ajoutez le lait petit à petit, sans cesser de remuer, pour faire une béchamel épaisse. Laissez cuire 1 ou 2 minutes pour éliminer le goût de farine. Émiettez le fromage de chèvre, râpez le parmesan, puis hachez les fines herbes. Ajoutez ces ingrédients avec 4 jaunes d'œufs ; salez, poivrez et mélangez bien.

3 Dans un saladier, battez les blancs d'œufs en neige très ferme. Incorporez délicatement les blancs au mélange préparé précédemment et transvasez le tout dans les moules à soufflé. Enfournez et laissez cuire de 12 à 15 minutes, jusqu'à ce que les soufflés soient bien levés et dorés.

Feuilletés aux champignons et au parmesan

Pour 4 personnes
Préparation et cuisson : 30 min

375 g de pâte feuilletée prête à l'emploi
300 g de champignons sauvages mélangés (cèpes, morilles et pleurotes, par exemple)
1 poignée de persil
1 gousse d'ail
25 g de beurre
25 g de parmesan râpé
1 œuf
sel et poivre du moulin

1 Farinez le plan de travail. Déroulez la pâte, puis coupez dedans 4 disques de 15 cm de diamètre. Tapissez une plaque de cuisson de papier sulfurisé, déposez les disques de pâte dessus et réservez-les au réfrigérateur.

2 Préchauffez le four à 180 °C (therm. 6). Nettoyez les champignons à sec, puis détaillez-les en morceaux. Effeuillez le persil, ciselez ses feuilles et hachez finement l'ail. Faites chauffer une grande poêle. Quand elle est très chaude, ajoutez le beurre, puis faites frire les champignons pendant 5 minutes. Assaisonnez, puis arrêtez le feu. Dans un saladier, mélangez les champignons avec le parmesan, le persil et l'ail.

3 Tracez une ligne à 1 cm du bord de chaque disque de pâte à l'aide de la pointe d'un couteau, puis répartissez les champignons à l'intérieur des cercles. Cassez l'œuf dans un bol, battez-le et badigeonnez-en les bords des disques de pâte. Enfournez pour 20 minutes, puis servez bien chaud.

Pissaladière

Pour 6 à 8 personnes
Préparation et cuisson : 1 h 30
Repos de la pâte : 45 min à 1 h 15

1 kg d'oignons
2 tomates
4 cuill. à soupe d'huile d'olive
+ un peu pour servir
quelques brins de thym frais
160 g de filets d'anchois à l'huile
1 poignée d'olives noires dénoyautées
sel et poivre du moulin

POUR LA PÂTE
200 g de farine
1 cuill. à café de sel
2 cuill. à café de levure de boulanger
15 cl d'eau tiède
1 cuill. à soupe d'huile d'olive

1 Préparez la pâte. Mélangez la farine, le sel et la levure dans un bol, creusez un puits au centre, versez-y l'eau et l'huile. Mélangez pour former une pâte souple. Pétrissez pendant 5 minutes sur le plan de travail légèrement fariné. Remettez-la dans le bol, couvrez et laissez reposer de 45 minutes à 1 h 15.

2 Pelez les oignons et les tomates, puis émincez-les finement. Faites revenir les oignons à feu doux dans une poêle avec l'huile d'olive, jusqu'à ce qu'ils soient translucides. Ajoutez le thym et les tomates, salez et poivrez. Couvrez et laissez cuire 45 minutes à feu doux pour obtenir une consistance onctueuse et épaisse ; découvrez les 10 dernières minutes.

3 Préchauffez le four à 220 °C (therm. 7-8) et huilez une plaque rectangulaire de 20 x 30 cm. Égouttez les anchois. Pétrissez la pâte, étalez-la en formant un rectangle et posez-la sur la plaque. Recouvrez d'oignons, puis disposez les anchois. Répartissez les olives et laissez cuire de 25 à 30 minutes, jusqu'à ce que la pâte soit dorée. Arrosez d'huile d'olive et servez.

Salade aux lardons

Pour 6 personnes
Préparation et cuisson : 25 min

6 cuill. à soupe d'huile d'olive
1 cuill. à café de moutarde de Dijon
240 g de jeunes feuilles de salade mélangées (chicorée frisée, endive et épinard)
6 œufs
130 g de lardons en dés
2 cuill. à soupe de vinaigre de vin
sel et poivre du moulin

1 Mélangez l'huile et la moutarde dans un saladier ; salez, poivrez. Préparez les feuilles de salade, mais sans les mettre en contact avec l'assaisonnement.

2 Portez une casserole d'eau à ébullition et faites-y bouillir les œufs 7 minutes pour qu'ils soient mollets. Égouttez-les, passez-les sous l'eau froide, puis dès qu'ils ont assez refroidi pour être manipulés, écalez-les.

3 Faites revenir les lardons pendant 3 minutes dans une poêle antiadhésive, sans ajouter de matière grasse. Quand ils sont bien dorés, mettez-les dans le saladier avec les feuilles de salade. Versez le vinaigre dans la poêle encore chaude, remuez bien puis versez le jus obtenu sur la salade. Mélangez et dressez sur 6 assiettes. Coupez les œufs en deux et déposez 2 moitiés d'œuf sur chaque assiette. Servez sans attendre.

Salade niçoise

Pour 4 personnes
Préparation et cuisson : 25 min

300 g de pommes de terre nouvelles
225 g de tomates cerises
2 mini-sucrines
140 g de haricots verts
4 œufs
1 poignée d'olives noires dénoyautées

POUR LA SAUCE AUX ANCHOIS
2 anchois
3 cuill. à soupe d'huile d'olive
1 cuill. à soupe de vinaigre de vin

1 Détaillez les pommes de terre en rondelles. Coupez les tomates cerises en deux et séparez les feuilles de la salade. Dans une grande casserole, portez de l'eau à ébullition, puis faites cuire les haricots pendant 4 minutes. Sortez-les de l'eau à l'aide d'une écumoire et rincez-les rapidement à l'eau froide. Plongez les pommes de terre et les œufs dans l'eau bouillante, puis laissez cuire le tout 8 minutes à feu doux. Sortez les œufs de l'eau et laissez-les refroidir. Prolongez la cuisson des pommes de terre de 2 minutes, puis égouttez-les.

2 Préparez la sauce aux anchois. Dans un saladier, écrasez les anchois, puis incorporez l'huile et le vinaigre. Ajoutez les haricots verts, les pommes de terre, les olives et les tomates cerises. Brassez délicatement le tout. Écalez les œufs, puis coupez-les en deux. Disposez les feuilles de salade dans un autre saladier et répartissez la préparation dessus. Ajoutez les moitiés d'œufs, puis servez.

SALADE TIÈDE AUX FOIES DE VOLAILLE

POUR 4 PERSONNES
Préparation et cuisson : 15 min

1 bocal de 140 g de poivrons grillés à l'huile d'olive
80 g de mâche
400 g de foies de volaille
4 tranches de lard
25 g de farine
2 cuill. à soupe d'huile d'olive
2 cuill. à café de vinaigre de vin
sel et poivre du moulin

1 Égouttez et découpez les poivrons grillés en fines lamelles. Mélangez-les à la mâche et formez des petits tas sur chaque assiette.

2 Découpez les foies en fines tranches et coupez le lard en dés. Farinez les foies, salez-les et poivrez-les. Faites chauffer une poêle et, sans ajouter de matière grasse, faites-y rissoler le lard coupé en dés. Quand le lard est bien croustillant, déposez-le sur une assiette recouverte de papier absorbant. Faites chauffer l'huile dans la poêle et saisissez les foies entre 30 secondes et 1 minute de chaque côté, puis retirez-les du feu. Versez le vinaigre dans la poêle encore chaude et remuez bien.

3 Disposez les foies de volaille sur la mâche et les poivrons. Éparpillez dessus les dés de lard, puis nappez avec le vinaigre passé à la poêle. Poivrez selon votre goût et servez aussitôt.

Salade César tiède

Pour 4 personnes
Préparation et cuisson : 30 min

6 œufs
140 g de haricots verts
80 g de parmesan
1 pain ciabatta
2 cuill. à soupe d'huile d'olive
1 laitue romaine
sauce César prête à l'emploi
sel

1 Préchauffez le gril du four. Dans une casserole, portez de l'eau à ébullition. Déposez délicatement les œufs dans l'eau et laissez cuire 4 minutes. Avec une écumoire, retirez les œufs et plongez-les dans de l'eau froide. Équeutez les haricots verts. Faites-les cuire 4 minutes dans de l'eau bouillante salée. Égouttez et versez dans un saladier.

2 Râpez 50 g de parmesan. Coupez le pain ciabatta en gros cubes et enrobez-les d'huile d'olive et de fromage râpé. Faites-les dorer régulièrement sous le gril, en les retournant de temps en temps.

3 Écalez les œufs et coupez-les en quatre dans le sens de la longueur. Déchirez grossièrement les feuilles de laitue. Ajoutez-les ainsi que les croûtons aux haricots verts. Arrosez de sauce et mélangez. Répartissez sur des assiettes. À l'aide d'un couteau Économe, faites des copeaux avec le reste du fromage et répartissez-les sur la salade. Garnissez avec les œufs.

Salade aux pommes de terre et au thon

Pour 4 personnes
Préparation et cuisson : 20 min

650 g de pommes de terre nouvelles
2 cuill. à soupe de pesto (de préférence, avec du basilic frais)
4 cuill. à soupe d'huile d'olive
8 tomates cerises
175 g de thon au naturel en conserve
225 g de haricots verts
2 poignées de petites feuilles d'épinard
sel et poivre du moulin

1 Coupez les pommes de terre en deux dans le sens de la longueur. Plongez-les dans une casserole d'eau bouillante salée, portez à ébullition, puis laissez frémir pendant 8 à 10 minutes.

2 Pendant ce temps, mélangez le pesto et l'huile. Coupez les tomates en deux et émiettez le thon après l'avoir égoutté. Coupez les haricots en deux. Plongez-les dans l'eau de cuisson des pommes de terre 3 minutes avant la fin de la cuisson.

3 Égouttez les pommes de terre et les haricots, et mettez-les dans un saladier. Ajoutez les feuilles d'épinard qui cuiront à la chaleur des légumes. Salez et poivrez. Disposez les tomates et le thon par-dessus, arrosez de sauce au pesto et mélangez bien le tout.

ŒUFS COCOTTE AU JAMBON ET À LA TOMATE

POUR 2 PERSONNES
Préparation et cuisson : 25 min

huile d'olive
1 gousse d'ail
400 g de tomates pelées et concassées en conserve
quelques feuilles de basilic
4 tranches de jambon
2 œufs
sel et poivre du moulin

POUR SERVIR
pain frais

1 Préchauffez le four à 180 °C (therm. 6).
Dans une poêle, mettez à chauffer un peu d'huile, hachez l'ail et faites-le revenir quelques secondes, puis ajoutez les tomates et laissez mijoter 10 minutes, jusqu'à ce que le mélange épaississe et réduise un peu. Ciselez, puis ajoutez les feuilles de basilic.

2 Coupez les tranches de jambon en morceaux et répartissez-les avec la sauce à la tomate dans 2 ramequins. Cassez un œuf sur le dessus, salez et poivrez. Passez de 12 à 14 minutes au four. Servez avec du pain frais.

Carpaccio de bœuf

Pour 6 personnes
Préparation : 20 min

250 g de filet de bœuf (de préférence, un morceau épais prélevé dans le milieu du filet)
1 poignée de roquette
parmesan

POUR LA SAUCE
2 jaunes d'œufs
10 cl d'huile d'olive
le jus de 1 citron
1/2 cuill. à café de moutarde anglaise
sel et poivre du moulin

1 Préparez la sauce. Mettez les jaunes d'œufs dans le bol d'un mixeur (vous pouvez aussi utiliser un fouet à main) et mélangez-les avec l'huile d'olive. Ajoutez le jus de citron, la moutarde, du sel, du poivre, et mixez de nouveau. Réservez.

2 Avec un couteau très bien aiguisé, découpez des tranches de bœuf aussi minces que possible. Déposez-les sur une assiette et couvrez de film alimentaire pour les empêcher de noircir. (Pour que les tranches se séparent plus facilement par la suite, vous pouvez intercaler du film alimentaire ou une feuille de papier sulfurisé entre chaque tranche.)

3 Pour servir, disposez les tranches de bœuf sur un plat ou sur des assiettes individuelles, avec des feuilles de roquette au milieu. Versez la sauce sur le pourtour de l'assiette. À l'aide d'un épluche-légumes, faites des copeaux de parmesan et parsemez-en chaque assiette.

Terrine de jambon au persil

Pour 8 personnes
Préparation et cuisson : 35 min

250 g de beurre
500 g de jambon cuit
1 bouquet de persil frisé
1 petite pincée de clous de girofle en poudre
1 pincée de graines de moutarde jaune
1 cuill. à soupe de vinaigre de cidre
1 pincée de gros sel

POUR SERVIR
toasts
cornichons
chutney ou marmelade d'oignons rouges

1 Faites fondre le beurre dans une casserole à feu doux, puis laissez-le reposer pour que les résidus solides se déposent au fond du récipient. Versez lentement la graisse jaune du dessus dans un bol et jetez le petit-lait.

2 Détaillez le jambon en fines lamelles. Ciselez le persil, puis mettez-le dans un saladier avec le jambon, les clous de girofle en poudre, les graines de moutarde, le vinaigre, le gros sel et les deux tiers du beurre clarifié. Remuez, puis répartissez la préparation dans 8 ramequins et tassez-la avec les doigts. Arrosez les terrines de beurre clarifié, puis réservez au réfrigérateur jusqu'à ce que le beurre soit ferme.

3 Servez les terrines dans les ramequins ou plongez-les brièvement dans un saladier d'eau chaude, puis démoulez-les sur des assiettes. Dégustez avec des toasts, des cornichons et du chutney ou de la marmelade d'oignons rouges.

Rillettes de maquereau fumé au citron

Pour 6 personnes
Préparation : 15 min

250 g de maquereau fumé sans peau et sans arêtes
200 g de fromage blanc
le jus et le zeste de 1 citron
2 cuill. à soupe de persil
2 cuill. à soupe de ciboulette
1 ou 2 cuill. à soupe de crème de raifort, selon votre goût

POUR SERVIR
pain de mie ou pain grillé

1 Placez le maquereau fumé, le fromage blanc, le jus et le zeste de citron dans le bol d'un robot. Mixez le tout par petites impulsions, pour conserver une certaine texture au mélange.

2 Ciselez le persil et la ciboulette, versez-les dans un récipient et ajoutez la préparation mixée avec la crème de raifort. Mélangez l'ensemble et mettez au réfrigérateur jusqu'au moment de servir avec du pain.

VIANDE ET VOLAILLE

Rôti de bœuf aux échalotes confites	48
Steaks fondants, sauce parfumée au beurre	50
Steaks de bœuf et échalotes au vin rouge	52
Tourte au bœuf et aux champignons	54
Hachis Parmentier	56
Cannellonis au bœuf	58
Lasagnes à la bolognaise	60
Boulettes de viande à la sauce tomate	62
Ragoût de bœuf haché aux haricots	64
Bœuf bourguignon	66
Roulé de porc aux poireaux	68
Côtes de porc au cidre et légumes d'hiver	70
Garbure au jambonneau	72
Ragoût de saucisses aux haricots	74
Potée d'agneau aux légumes	76

Gigot d'agneau et petits pois 78

Gigot d'agneau à la boulangère 80

Poulet rôti et pommes de terre aux herbes 82

Poulet rôti aux légumes d'été 84

Poulet aux panais 86

Poulet au lard et à la moutarde 88

Poulet au chou et aux carottes à la vapeur 90

Blancs de poulet panés et mayonnaise au citron 92

Poulet aux légumes de printemps 94

Poivrons farcis au poulet 96

Tourte au poulet et aux légumes 98

Magret de canard au chou 100

Canard au vin 102

Pintade aux marrons et aux champignons 104

RÔTI DE BŒUF AUX ÉCHALOTES CONFITES

POUR 6 PERSONNES
Préparation et cuisson : 1 h 45

1 rôti de bœuf d'environ 2 kg
1 cuill. à café de moutarde en poudre
ou 1 cuill. à soupe de moutarde forte
10 échalotes
1 cuill. à soupe de sucre brun
1 cuill. à soupe de vinaigre balsamique

POUR LES MUFFINS
125 g de farine
2 œufs
20 cl de lait
huile de tournesol pour les moules
sel et poivre du moulin

POUR LA SAUCE
1 cuill. à soupe de farine
25 cl de vin rouge
70 cl de bouillon de bœuf (fait maison
ou reconstitué à partir de 1 cube)

1 Préchauffez le four à 230 °C (therm. 7-8). Saupoudrez le rôti de moutarde en poudre ou enduisez-le de moutarde forte, posez-le dans un plat à rôtir, enfournez et laissez cuire 20 minutes. Épluchez les échalotes, disposez-les autour du rôti et baissez la température à 160 °C (therm. 5-6). Remettez à cuire 15 minutes par 500 g pour une viande rosée. Couvrez d'une feuille d'aluminium et laissez reposer sur un plat maintenu au chaud.

2 Préparez les muffins. Mettez la farine dans un bol avec du sel et du poivre. Incorporez les œufs et le lait en fouettant. Préchauffez le four à 220 °C (therm. 7-8) et huilez 12 moules à muffins. Chauffez-les 5 minutes dans le four, puis répartissez-y la préparation. Enfournez et laissez cuire 20 minutes, jusqu'à ce que la pâte soit gonflée.

3 Transférez les échalotes dans une poêle avec le sucre et le vinaigre, et faites-les caraméliser à feu doux.

4 Préparez la sauce. Jetez le jus de cuisson du rôti, à l'exception d'une cuillerée à soupe, et mettez le plat sur le feu. Saupoudrez de farine et faites cuire 1 minute en remuant. Versez le vin et faites réduire de moitié. Raclez bien pour récupérer tous les sucs, ajoutez le bouillon et laissez épaissir à feu doux. Servez avec la viande et les muffins.

Steaks fondants, sauce parfumée au beurre

Pour 2 personnes
Préparation et cuisson : 15 min

250 g de beurre ramolli
1 échalote hachée
2 cuill. à café de vinaigre de vin blanc
1 petite poignée d'estragon haché
2 steaks dans le faux-filet badigeonnés d'un peu d'huile, de sel et de poivre

POUR SERVIR
2 poignées de feuilles de salade

1 Dans un saladier, mettez ensemble le beurre, l'échalote, le vinaigre et l'estragon, et réduisez-les en purée. Faites-en une sorte de boudin, enveloppez-le dans du film alimentaire et réfrigérez-le jusqu'à ce qu'il soit bien ferme.

2 Dans une poêle bien chaude, saisissez les steaks 2 minutes de chaque côté pour une viande saignante, ou 3 minutes pour une cuisson à point. Couvrez et laissez reposer 2 minutes hors du feu. Déposez dessus une tranche du beurre aux herbes préparé précédemment. (Réfrigérez le reste pour l'utiliser une autre fois.) Servez avec quelques feuilles de salade.

Steaks de bœuf et échalotes au vin rouge

Pour 2 personnes
Préparation et cuisson : 30 min

8 échalotes
2 biftecks dans l'aloyau d'environ 175 g
25 g de beurre
4 cuill. à soupe de vinaigre balsamique
20 cl de vin rouge
15 cl de bouillon de bœuf
sel et poivre du moulin

1 Pelez les échalotes et coupez-les en quatre. Emplissez la moitié d'une poêle d'eau. Portez à ébullition. Plongez-y les échalotes 2 ou 3 minutes, puis égouttez-les et réservez-les.

2 Assaisonnez les biftecks avec un peu de sel et beaucoup de poivre. Faites chauffer la moitié du beurre dans la poêle jusqu'à ce qu'il grésille, puis laissez cuire les biftecks au moins 3 minutes de chaque côté.

3 Réservez la viande au chaud. Mettez le reste du beurre dans la poêle et faites revenir les échalotes. Versez le vinaigre dans la poêle et laissez-le bouillir quelques minutes. Ajoutez le vin et faites-le réduire. Incorporez le bouillon. Laissez mijoter jusqu'à l'obtention d'une sauce homogène. Disposez les échalotes sur les steaks et servez avec la sauce.

Tourte au bœuf et aux champignons

Pour 6 personnes
Préparation et cuisson : 3 h 15

1 cuill. à soupe d'huile végétale
1 kg de bœuf à braiser coupé en dés
2 gros oignons
4 grosses carottes
4 cuill. à soupe de farine
2 cubes de bouillon de bœuf
40 cl d'eau bouillante
30 cl de bière brune
200 g de bacon ou de lardons fumés
200 g de gros champignons de Paris coupés en deux
750 g de pâte brisée prête à l'emploi
1 jaune d'œuf

1 Mettez l'huile à chauffer dans une cocotte, puis faites dorer la viande et réservez-la. Pelez et hachez les oignons et les carottes. Ajoutez-les dans la cocotte et laissez cuire. Saupoudrez de farine, remuez et remettez la viande dans la cocotte. Délayez les cubes de bouillon dans l'eau bouillante, puis versez le bouillon et la bière sur la viande. Laissez mijoter 2 heures à couvert.

2 Dans une poêle, faites griller le bacon. Ajoutez les champignons, puis laissez cuire. Incorporez ce mélange à la viande. À cette étape, vous pouvez réserver la préparation jusqu'à 2 jours au réfrigérateur ou 3 mois au congélateur.

3 Si la préparation est congelée, laissez-la décongeler. Préchauffez le four à 200 °C (therm. 6-7). Étalez les deux tiers de la pâte en un disque et battez l'œuf dans un bol. Placez le disque dans une tourtière graissée et farinée. Badigeonnez le bord de la pâte d'œuf battu. Répartissez la garniture dans le moule. Étalez le reste de la pâte en un disque un peu plus grand, puis posez-le sur la garniture et pincez les bords des disques de pâte pour les souder. Badigeonnez d'œuf battu. Faites un trou au centre de la tourte. Enfournez pour 40 minutes, puis servez.

Hachis Parmentier

Pour 10 personnes
Préparation et cuisson : 50 min

3 cuill. à soupe d'huile d'olive
1,25 kg de bœuf haché
2 oignons
3 carottes
3 branches de céleri
3 cuill. à soupe de farine
1 cuill. à soupe de concentré de tomates
50 cl de bouillon de bœuf
4 cuill. à soupe de Worcestershire sauce
quelques brins de thym
2 feuilles de laurier
35 cl de vin rouge (facultatif)
sel et poivre du moulin

POUR LA PURÉE
1,8 kg de pommes de terre
200 g de cheddar ou de gruyère
25 cl de lait
25 g de beurre

1 Mettez l'huile à chauffer dans une grande poêle. Faites revenir la viande hachée, puis mettez-la dans une casserole. Pelez les oignons et les carottes. Hachez-les avec le céleri. Ajoutez les légumes, la farine, le concentré de tomates, le bouillon, la Worcestershire sauce, le thym, le laurier et éventuellement le vin dans la casserole. Salez, poivrez, remuez, puis laissez mijoter 30 minutes à couvert.

2 Préparez la purée. Portez une casserole d'eau à ébullition. Pelez les pommes de terre, puis faites-les cuire dans l'eau bouillante jusqu'à ce qu'elles soient tendres. Pendant ce temps, râpez le cheddar. Égouttez les pommes de terre, mettez-les dans un saladier, puis écrasez-les avec le lait, le beurre et les trois quarts du cheddar. Assaisonnez la purée.

3 Préchauffez le gril du four. Déposez la préparation à base de viande dans un plat à gratin. Couvrez de purée, puis parsemez du reste du cheddar. Enfournez pour 15 minutes, jusqu'à ce que le hachis Parmentier soit doré.

CANNELLONIS AU BŒUF

POUR 12 PERSONNES
Préparation et cuisson : 1 h 30 à 1 h 40

1 kg de bœuf maigre haché
1 gros oignon
4 gousses d'ail
1 cuill. à soupe d'huile d'olive
1,2 l de sauce tomate au basilic
1 grosse pincée de sucre en poudre
400 g de tubes de cannellonis
140 g de parmesan râpé
sel et poivre du moulin

POUR LA BÉCHAMEL
50 g de beurre
50 g de farine
60 cl de lait
140 g de fromage à tartiner à l'ail et aux fines herbes

1 Faites sauter le bœuf à sec dans une poêle antiadhésive à feu moyen ou vif, puis réservez-le dans une assiette. Pelez l'oignon et l'ail, puis hachez-les. Versez l'huile dans la poêle et faites revenir l'oignon 5 minutes. Ajoutez l'ail. Remettez le bœuf dans la poêle avec 1 l de sauce tomate et le sucre, puis laissez mijoter 20 minutes.

2 Pendant ce temps, préparez la béchamel. Faites fondre le beurre dans une casserole. Incorporez la farine, puis ajoutez le lait progressivement sans cesser de remuer. Laissez bouillonner 2 minutes en remuant constamment. Ôtez du feu, puis incorporez le fromage à la sauce et assaisonnez. Couvrez d'un film alimentaire et réservez.

3 Préchauffez le four à 180 °C (therm. 6). Répartissez le reste de la sauce tomate au fond de 2 ou 3 plats allant au four. Garnissez les tubes de cannellonis de viande hachée et déposez-les sur la sauce tomate, puis couvrez de béchamel et de parmesan. Enfournez pour 40 minutes.

Lasagnes à la bolognaise

Pour 10 personnes
Préparation : 1 h 30 à 2 h

4 oignons
8 gousses d'ail
3 cuill. à soupe d'huile d'olive
1 cuill. à soupe de fines herbes séchées
2 feuilles de laurier
1 kg de bœuf haché
800 g de tomates pelées et concassées en conserve
4 cuill. à soupe de ketchup
10 cl de vin rouge
250 g de mozzarella
18 à 20 feuilles de lasagne fraîches
85 g de parmesan râpé
sel et poivre du moulin

POUR LA BÉCHAMEL
200 g de beurre
150 g de farine
1,5 l de lait
1 pincée de noix de muscade

1 Hachez les oignons. Écrasez l'ail. Mettez l'huile à chauffer dans une casserole à feu doux, puis faites revenir les oignons pendant 10 minutes. Ajoutez l'ail, les fines herbes et le laurier, puis prolongez la cuisson de 2 minutes. Transférez cette préparation dans un grand saladier. Faites revenir la viande. Incorporez-la à la préparation, remettez le tout dans la casserole, ajoutez les tomates, le ketchup et le vin, puis laissez mijoter 30 minutes.

2 Pendant ce temps, préparez la béchamel. Dans une casserole, fouettez le beurre avec la farine. Ajoutez le lait progressivement, sans cesser de fouetter, puis incorporez la noix de muscade et assaisonnez.

3 Préchauffez le four à 180 °C (therm. 6). Hachez la mozzarella. Étalez une couche de viande hachée au fond d'un grand plat allant au four. Nappez d'un peu de béchamel, parsemez de mozzarella, puis couvrez de feuilles de lasagne. Répétez l'opération deux fois en alternant les couches. Couvrez de béchamel et parsemez de parmesan. Enfournez pour 40 minutes.

Boulettes de viande à la sauce tomate

Pour 10 personnes
Préparation et cuisson : 1 h

8 saucisses de porc
1 oignon
1/2 bouquet de persil
2 œufs
1 kg de bœuf haché
85 g de parmesan râpé
100 g de chapelure
huile d'olive
sel et poivre du moulin

POUR LA SAUCE
4 gousses d'ail
1,6 kg de tomates pelées et concassées en conserve
1/2 bouquet de persil
3 cuill. à soupe d'huile d'olive
3 cuill. à soupe de sucre en poudre
1 ou 2 cuill. à soupe de vin rouge (facultatif)

POUR SERVIR
spaghettis
parmesan râpé
quelques feuilles de basilic

1 Retirez la peau des saucisses. Pelez l'oignon, puis hachez-le finement avec le persil. Battez les œufs dans un saladier à l'aide d'une fourchette. Ajoutez la chair des saucisses, la viande hachée, l'oignon, le persil, le parmesan et la chapelure. Salez, poivrez, puis mélangez le tout. Façonnez 50 boulettes de 4 ou 5 cm de diamètre. Mettez l'huile à chauffer dans une poêle antiadhésive, puis faites frire les boulettes en procédant en plusieurs fois.

2 Préparez la sauce. Pelez l'ail, puis écrasez-le. Égouttez les tomates concassées et hachez le persil. Dans une cocotte, mélangez l'ail, les tomates, le persil, l'huile, le sucre, du sel, du poivre, puis éventuellement le vin. Ajoutez les boulettes de viande et laissez mijoter 20 minutes à couvert. Servez avec des spaghettis, du parmesan et quelques feuilles de basilic.

Ragoût de bœuf haché aux haricots

Pour 8 personnes
Préparation et cuisson : 1 h

750 g de bœuf haché maigre
1 cube de bouillon de bœuf
2 gros oignons
450 g de carottes
1,25 kg de pommes de terre
1,2 l d'eau bouillante
800 g de haricots blancs à la sauce tomate en conserve
Worcestershire sauce ou Tabasco, selon votre goût
1 grosse poignée de persil
sel et poivre du moulin

1 Faites chauffer une grande cocotte antiadhésive et mettez-y à revenir la viande à feu moyen. Remuez souvent avec une cuillère en bois pour éviter que la viande forme un bloc. Quand elle est dorée, ajoutez le cube de bouillon émietté et remuez bien.

2 Hachez grossièrement les oignons, épluchez les carottes et les pommes de terre, et coupez-les en morceaux. Ajoutez ces légumes à la préparation, remuez pour bien les mélanger avec la viande et versez l'eau bouillante pour recouvrir le tout. Portez à ébullition, puis baissez le feu et remuez bien. Couvrez la cocotte et laissez mijoter à feu doux pendant environ 30 minutes, jusqu'à ce que les légumes soient tendres.

3 Incorporez les haricots à la tomate, arrosez de Worcestershire sauce ou de Tabasco selon votre goût, mélangez bien et faites réchauffer. Rectifiez l'assaisonnement, si nécessaire. Hachez grossièrement le persil et parsemez-en le plat. Servez avec de la Worcestershire sauce ou du Tabasco pour ceux qui aiment la cuisine épicée.

Bœuf bourguignon

Pour 6 personnes
Préparation et cuisson : 2 h 40
Marinade : 12 h

1,5 kg de bœuf à braiser
2 cuill. à soupe d'huile végétale
3 grosses ou 6 petites carottes
2 oignons
3 cuill. à soupe de farine
1 cuill. à soupe de concentré de tomates
500 g de petits oignons blancs ou d'échalotes
400 g de champignons
1 petite noix de beurre
300 g de lardons

POUR LA MARINADE
3 feuilles de laurier
1 petit bouquet de thym
2 bouteilles de vin rouge

POUR SERVIR
1 cuill. à soupe de persil haché

1 La veille, préparez la marinade. Dans un saladier, réunissez tous les ingrédients. Coupez le bœuf en gros morceaux, puis mettez-les dans la marinade. Couvrez et réservez au réfrigérateur 1 nuit entière.

2 Le jour même, préchauffez le four à 180 °C (therm. 6). Égouttez la viande et réservez la marinade. Mettez la moitié de l'huile à chauffer dans une poêle. Faites dorer les morceaux de bœuf, puis réservez-les dans un saladier. Ajoutez un peu de marinade dans la poêle. Laissez bouillonner brièvement et versez le tout sur la viande.

3 Mettez le reste de l'huile à chauffer dans une cocotte. Pelez les carottes et les oignons, puis émincez-les. Faites-les frire dans la cocotte, puis incorporez la farine et le concentré de tomates. Ajoutez le bœuf et la marinade. Portez à ébullition, puis enfournez pour 2 heures.

4 Pelez les petits oignons blancs et coupez les champignons en deux. Mettez le beurre à chauffer dans une poêle, puis faites frire les oignons, les lardons et les champignons. Ajoutez tout dans la cocotte, parsemez de persil et servez.

ROULÉ DE PORC AUX POIREAUX

POUR 6 PERSONNES
Préparation et cuisson : 2 h 45

1,5 kg de poitrine de porc
2 gousses d'ail
1 poignée de persil
1 filet d'huile d'olive
6 poireaux
30 cl de cidre
4 feuilles de sauge
fleur de sel et poivre du moulin

1 Sortez la viande du réfrigérateur 1 heure à l'avance. Préchauffez le four à 200 °C (therm. 6-7). Pilez l'ail, écrasez-le, puis mélangez-le avec le persil et l'huile d'olive. Étalez ce mélange sur la poitrine de porc, côté viande. Enroulez la poitrine de porc pour lui donner la forme d'un rôti et ficelez-la.

2 Lavez les poireaux, puis étalez-les dans un plat à gratin. Posez le porc par-dessus et frottez-le avec de la fleur de sel et du poivre. Versez le cidre et mettez la sauge dans le plat.

3 Enfournez et laissez cuire de 20 à 30 minutes. Quand les cristaux de sel commencent à éclater, baissez la température du four à 150 °C (therm. 5) et prolongez la cuisson de 2 heures. Ajoutez régulièrement un peu d'eau pour éviter que les poireaux ne brunissent. Laissez la viande reposer 20 minutes environ avant de la découper. Servez avec les poireaux et le jus de cuisson.

Côtes de porc au cidre et légumes d'hiver

Pour 2 personnes
Préparation et cuisson : 40 min

1 noix de beurre
2 côtes de porc
4 tranches de lard fumé
1 carotte
2 pommes de terre
1/2 rutabaga
1/4 de chou
1 feuille de laurier
10 cl de cidre
10 cl de bouillon de volaille

1 Dans une cocotte, faites chauffer le beurre jusqu'à ce qu'il grésille. Faites-y revenir les côtes de porc pendant 2 ou 3 minutes de chaque côté, puis réservez-les. Coupez en gros morceaux le lard, la carotte, les pommes de terre et le demi-rutabaga, puis faites revenir ces ingrédients à feu doux, jusqu'à ce qu'ils soient légèrement colorés.

2 Coupez le quart de chou en morceaux et ajoutez-les dans la cocotte, avec les côtelettes et la feuille de laurier. Arrosez de cidre et de bouillon. Couvrez et laissez mijoter 20 minutes, puis servez.

Garbure au jambonneau

Pour 4 personnes
Préparation et cuisson : 35 min

2 oignons
1 carotte
1 cuill. à soupe d'huile d'olive
2 grosses pommes de terre
50 g de jambonneau
1,5 l de bouillon de légumes chaud
50 g de petites pâtes
1/2 chou vert
poivre du moulin

POUR SERVIR
pain croustillant

1 Pelez les oignons et la carotte, puis hachez le tout. Mettez l'huile à chauffer dans une grande casserole. Faites revenir les oignons et la carotte à feu doux pendant 5 minutes. Pelez les pommes de terre, coupez-les en petits dés, puis détaillez le jambonneau en lamelles et ajoutez l'ensemble dans la casserole avec le bouillon. Portez à ébullition et laissez mijoter 10 minutes. Incorporez les pâtes à la préparation, puis prolongez la cuisson de 8 à 10 minutes.

2 Coupez le demi-chou en lamelles. Ajoutez-les dans la casserole et laissez mijoter 2 minutes. Poivrez selon votre goût, puis servez avec du pain croustillant.

Ragoût de saucisses aux haricots

Pour 4 personnes
Préparation et cuisson : 40 min

6 saucisses de Toulouse
huile d'olive
6 tranches de lard
1 gros poireau
1 gousse d'ail
25 cl de vin blanc
20 cl de bouillon de volaille (fait maison ou reconstitué à partir de 1 cube)
1 pincée de flocons de piment séchés
800 g de haricots de Lima en conserve
1 petit bouquet de persil
sel et poivre du moulin

1 Dans une cocotte, faites dorer les saucisses dans un peu d'huile. Sortez-les de la cocotte et coupez-les en tronçons. Émincez le lard, le poireau et l'ail, faites revenir le lard dans la même cocotte, puis ajoutez le poireau et l'ail, et laissez sur le feu jusqu'à ce qu'ils soient tendres.

2 Remettez les saucisses dans la cocotte et mouillez avec le vin et le bouillon, puis ajoutez le piment. Égouttez, puis rincez les haricots et versez-les dans la préparation. Laissez mijoter de 10 à 15 minutes, jusqu'à ce que les saucisses soient cuites. Salez, poivrez, hachez le persil et parsemez-en le ragoût.

POTÉE D'AGNEAU AUX LÉGUMES

POUR 4 PERSONNES
Préparation et cuisson : 1 h

50 g de farine
900 g d'épaule ou de collet d'agneau désossé et dégraissé
85 cl de bouillon d'agneau ou de légumes chaud
225 g de pommes de terre
225 g de carottes
225 g de poireaux
225 g de petits oignons
2 brins de thym
10 cl de crème fraîche épaisse (facultatif)
sel et poivre du moulin

POUR SERVIR
1 poignée de persil haché

1 Dans une assiette creuse, salez et poivrez la farine. Coupez la viande en dés, puis roulez-les dans la farine. Mettez les morceaux de viande dans une cocotte, versez le bouillon et portez à ébullition. Baissez le feu et faites cuire 35 minutes.

2 Pelez les pommes de terre, râpez-en la moitié et coupez les autres en deux ou en quatre. Pelez les carottes, préparez les poireaux, puis détaillez le tout en gros tronçons.

3 Ajoutez les pommes de terre dans la cocotte, puis les autres légumes et le thym. Faites cuire 25 minutes environ.

4 Incorporez éventuellement la crème fraîche au ragoût et assaisonnez selon votre goût. Parsemez de persil, puis servez.

Gigot d'agneau et petits pois

Pour 4 personnes
Préparation et cuisson : 2 h 30

2 gousses d'ail
1 cuill. à soupe d'origan haché
3 cuill. à soupe d'huile d'olive
1 gigot d'agneau de 1,5 kg désossé et ficelé
400 g de petits oignons blancs ou d'échalotes
1 cuill. à soupe de Marmite (au rayon « produits du monde » des grandes surfaces)
25 cl de bouillon d'agneau
100 g de petits pois
100 g de fèves
2 petites sucrines
le jus de 1 citron
sel et poivre du moulin

POUR SERVIR
1 petite poignée de menthe ou de coriandre

1 Pelez l'ail, puis hachez-le. Dans un saladier, mélangez-le avec l'origan, l'huile, puis du sel et du poivre. Lacérez le gigot d'agneau à l'aide d'un couteau, puis frottez-le avec le mélange. Mettez à chauffer une grande poêle et faites dorer l'agneau 15 minutes en le retournant régulièrement.

2 Pelez les oignons. Transférez l'agneau dans une cocotte. Ajoutez les oignons, la Marmite et arrosez de bouillon. Laissez mijoter à couvert 1 h 30. Incorporez les petits pois et les fèves à la préparation. Prolongez la cuisson de 30 minutes à couvert.

3 Transférez l'agneau sur un plat. Couvrez-le d'une feuille d'aluminium et laissez-le reposer. Coupez les sucrines en quatre, puis incorporez-les à la préparation avec le jus de citron, du sel et du poivre. Coupez l'agneau en tranches et disposez-le sur les légumes. Hachez la menthe, parsemez-en le plat et servez.

Gigot d'agneau à la boulangère

Pour 6 personnes
Préparation et cuisson : 2 h

1 gigot d'agneau d'environ 2,5 kg
6 tranches de jambon de Parme
4 gousses d'ail
le zeste de 1 citron
2 brins de romarin frais
25 g de beurre ramolli
2 kg de pommes de terre à chair ferme
50 cl de bouillon de volaille (fait maison ou reconstitué à partir de 1 cube)
sel et poivre du moulin

1 Préchauffez le four à 230 °C (therm. 7-8). Avec un couteau tranchant, incisez profondément la partie la plus charnue du gigot.

2 Mixez le jambon au robot avec l'ail, le zeste de citron et les feuilles de 1 brin de romarin jusqu'à l'obtention d'une pâte épaisse. Assaisonnez de quelques tours de moulin à poivre, puis remplissez les fentes de la viande ce mélange, en pressant avec les doigts pour le faire bien pénétrer. Ciselez la seconde tige de romarin et glissez les morceaux dans les fentes. Étalez le beurre sur la viande, salez et poivrez.

3 Coupez les pommes de terre en fines rondelles, salez et poivrez ces dernières, et disposez-les dans un plat à gratin. Versez le bouillon par-dessus et ajoutez le gigot. Enfournez et laissez cuire 15 minutes. Baissez ensuite la température du four à 180 °C (therm. 6) et prolongez la cuisson de 1 h 15. Servez bien chaud.

Poulet rôti et pommes de terre aux herbes

Pour 4 personnes
Préparation et cuisson : 1 h 50

2 citrons
2 têtes d'ail entières
6 feuilles de laurier
1 petit bouquet de romarin
1 poulet d'environ 2 kg
1,5 kg de pommes de terre
2 cuill. à soupe d'huile de tournesol
50 g de beurre
sel et poivre du moulin

POUR SERVIR
légumes verts (facultatif)

1 Préchauffez le four à 200 °C (therm. 6-7). Coupez les citrons en deux et incisez une moitié de toutes parts avec un couteau. Coupez les autres moitiés en quartiers. Coupez les têtes d'ail en deux transversalement. Insérez la moitié de citron incisé, 3 feuilles de laurier, quelques brins de romarin et une demi-tête d'ail dans le poulet.

2 Pelez les pommes de terre, coupez-les en quartiers et mélangez-les avec le reste d'ail dans un plat à rôtir. Arrosez le tout d'huile, salez et poivrez. Placez le poulet au milieu des pommes de terre, puis badigeonnez-le de beurre. Enfournez et laissez cuire 1 h 20 en badigeonnant le poulet de beurre deux fois. Sortez le poulet du plat, couvrez, puis laissez reposer.

3 Augmentez la température du four à 220 °C (therm. 7-8). Mélangez les pommes de terre, le reste d'herbes et les quartiers de citron avec le jus du plat, puis laissez cuire de 15 à 20 minutes, en retournant une fois. Si vous le souhaitez, servez le poulet rôti avec des légumes verts.

Poulet rôti aux légumes d'été

Pour 4 personnes
Préparation et cuisson : 1 h 20

1 petit bouquet de sauge
50 g de beurre ramolli
le jus de 1/2 citron
1 poulet de 1,6 kg
1 tête d'ail
7 cuill. à soupe d'huile d'olive
600 g de petites pommes de terre
30 cl de bouillon de volaille
4 grosses courgettes
200 g de petites tomates olivettes
2 poivrons rouges
1 cuill. à soupe de vinaigre de vin
sel et poivre du moulin

1 Effeuillez la sauge, puis hachez les feuilles. Mélangez-les dans un saladier avec le beurre, le jus de citron et assaisonnez. Badigeonnez la chair du poulet de beurre à la sauge, puis glissez la moitié des gousses d'ail à l'intérieur. Mettez 4 cuillerées à soupe d'huile à chauffer dans une grande poêle. Faites dorer le poulet dans la poêle, puis placez-le dans une cocotte. Faites revenir les pommes de terre dans la poêle. Ajoutez-les dans la cocotte, puis arrosez de bouillon et assaisonnez. Laissez mijoter à couvert 40 minutes.

2 Tranchez les courgettes. Retournez le poulet, puis immergez les courgettes dans le bouillon. Fendez la peau des tomates olivettes avec un couteau. Épépinez les poivrons, puis garnissez-les de tomates et ajoutez-les dans la cocotte avec le reste de l'ail. Faites mijoter 20 minutes à couvert.

3 Transférez le contenu de la cocotte dans un plat de service, puis couvrez d'une feuille d'aluminium et laissez reposer 10 minutes. Faites bouillir le bouillon jusqu'à ce qu'il ait réduit de moitié, puis incorporez le reste de l'huile et le vinaigre. Servez avec la vinaigrette.

Poulet aux panais

Pour 4 personnes
Préparation et cuisson : 50 min

2 oignons
350 g de panais
1 cuill. à soupe d'huile d'olive
8 cuisses de poulet sans la peau
30 cl de bouillon de légumes
2 cuill. à soupe de moutarde à l'ancienne
2 cuill. à soupe de miel liquide
quelques brins de thym
quelques brins de persil plat
sel et poivre du moulin

POUR SERVIR
légumes verts cuits à la vapeur (facultatif)

1 Hachez les oignons et coupez les panais en frites. Dans une cocotte, mettez un peu d'huile à chauffer, faites-y dorer les cuisses de poulet et réservez-les dans une assiette. Mettez le reste de l'huile à chauffer, puis faites revenir les oignons pendant 5 minutes.

2 Posez les cuisses de poulet sur les oignons et ajoutez les panais. Dans un saladier, mélangez le bouillon, la moutarde et le miel, puis versez le tout dans la cocotte. Effeuillez le thym et parsemez-en la préparation. Portez à ébullition, couvrez et laissez cuire pendant 30 minutes, jusqu'à ce que le poulet soit tendre.

3 Assaisonnez, parsemez de persil et, si vous le souhaitez, servez avec des légumes verts cuits à la vapeur.

Poulet au lard et à la moutarde

Pour 4 personnes
Préparation et cuisson : 35 min

125 g de mozzarella
50 g de cheddar ou de parmesan râpé
1 cuill. à soupe de moutarde à l'ancienne
4 blancs de poulet sans la peau
8 tranches de lard fumé
sel et poivre du moulin

1 Préchauffez le four à 200 °C (therm. 6-7). Mélangez la mozzarella coupée en petits dés et le cheddar avec la moutarde. Incisez chaque blanc de poulet et remplissez la fente de ce mélange.

2 Enroulez 2 tranches de lard autour de chaque blanc en serrant juste assez pour le garder fermé. Assaisonnez, placez dans un plat allant au four et laissez cuire de 20 à 25 minutes.

Poulet au chou et aux carottes à la vapeur

Pour 4 personnes
Préparation et cuisson : 25 min

70 cl de bouillon de volaille
4 blancs de poulet sans la peau
100 g de lard en tranches
1/2 chou vert
6 carottes

1 Versez le bouillon chaud dans le fond d'un cuit-vapeur. Ajoutez-y les blancs de poulet et les tranches de lard. Placez le chou coupé en quartiers et les carottes pelées et coupées en morceaux dans le panier, au-dessus du bouillon. Couvrez et faites cuire à la vapeur pendant 15 minutes, jusqu'à ce que le poulet soit cuit, le chou ramolli et les carottes tendres.

2 Sortez les blancs du bouillon et coupez-les en deux dans la diagonale. Répartissez le poulet et les légumes dans 4 assiettes. Versez dessus le bouillon au lard et servez bien chaud.

Blancs de poulet panés et mayonnaise au citron

Pour 4 personnes
Préparation et cuisson : 20 min

150 g de chapelure
25 g de parmesan râpé
le zeste et le jus de 1 citron
4 blancs de poulet sans la peau, escalopés (ou 4 escalopes de poulet)
farine pour la panure
1 œuf battu
4 cuill. à soupe d'huile d'olive
4 cuill. à soupe de mayonnaise
1 bulbe de fenouil
1 botte de radis
sel et poivre du moulin

POUR SERVIR
quartiers de citron

1 Dans un bol, mélangez la chapelure, le parmesan et le zeste de citron. Saupoudrez les blancs de poulet avec un peu de farine. Trempez-les dans l'œuf battu, puis dans la chapelure au citron. Dans une grande poêle, faites-les rissoler dans l'huile d'olive 3 ou 4 minutes de chaque côté, jusqu'à ce qu'ils soient complètement cuits et bien dorés. Déposez-les sur du papier absorbant pour éliminer l'excès de matière grasse.

2 Incorporez la moitié du jus de citron à la mayonnaise. Coupez le fenouil en fines lamelles et les radis en fines rondelles. Dans 4 assiettes, mélangez le fenouil et les radis avec le reste du jus de citron. Salez et poivrez. Servez le poulet avec cette salade de légumes, la mayonnaise au citron et des quartiers de citron.

Poulet aux légumes de printemps

Pour 2 personnes
Préparation et cuisson : 25 à 30 min

1 cuill. à soupe d'huile d'olive
2 blancs de poulet avec la peau
200 g de petites pommes de terre nouvelles
50 cl de bouillon de volaille
200 g de légumes mélangés (brocolis, petits pois, fèves et courgettes)
2 cuill. à soupe de crème fraîche
1 poignée d'estragon frais haché ou 1/2 cuill. à café d'estragon séché
sel et poivre du moulin

1 Dans un wok, versez l'huile et faites rissoler les blancs de poulet 5 minutes de chaque côté. Grattez et coupez les pommes de terre en fines rondelles, puis ajoutez-les en remuant bien pour les couvrir d'une pellicule d'huile. Versez le bouillon de volaille, couvrez et laissez mijoter 10 minutes à feu doux, presque jusqu'à la cuisson des pommes de terre.

2 Retirez le couvercle et faites réduire le bouillon à feu vif jusqu'à ce qu'il forme juste un film dans le fond du wok. Coupez les légumes en rondelles et répartissez-les dans le wok. Couvrez de nouveau et laissez cuire 3 minutes.

3 Incorporez la crème fraîche tout en remuant, pour faire une sauce crémeuse, salez et poivrez selon votre goût, puis ajoutez l'estragon. Posez le wok sur la table et servez aussitôt.

Poivrons farcis au poulet

Pour 4 à 6 personnes
Préparation et cuisson : 45 min

140 g de riz rouge de Camargue ou de riz basmati complet
6 gros poivrons rouges
40 g de cheddar ou de gruyère
200 g de poulet cuit
20 g de coriandre
huile d'olive
215 g de haricots rouges en conserve
270 g de sauce mexicaine épicée
sel et poivre du moulin

POUR SERVIR
quartiers de citron vert

1 Portez une casserole d'eau salée à ébullition et mettez le riz à cuire 25 minutes. Pendant ce temps, étêtez les poivrons, puis épépinez-les. Râpez le cheddar. Hachez le poulet et la coriandre. Égouttez les haricots, puis rincez-les.

2 Huilez le fond d'une cocotte. Égouttez le riz. Dans un saladier, mélangez-le avec le cheddar, le poulet, la coriandre, les haricots et la sauce mexicaine. Assaisonnez selon votre goût.

3 Répartissez la préparation dans les poivrons, refermez-les, puis disposez-les dans la cocotte. Couvrez et laissez mijoter 20 minutes. Pressez un quartier de citron vert sur chaque poivron farci, puis servez.

Tourte au poulet et aux légumes

Pour 4 personnes
Préparation et cuisson : 1 h 15

1 oignon
100 g de champignons de Paris
50 g de beurre
50 g de farine
40 cl de lait
40 cl de bouillon de volaille
1 pincée de noix de muscade
1 pincée de moutarde en poudre
1 feuille de laurier
250 g de gros morceaux de poulet cuit
200 g de légumes mélangés (par exemple, maïs, petits pois, dés de poivrons, brocolis et carottes)
1 œuf
250 g de pâte brisée prête à l'emploi
sel et poivre du moulin

1 Pelez l'oignon, puis émincez-le avec les champignons. Faites fondre le beurre dans une casserole à feu moyen, puis ajoutez l'oignon et faites-le revenir 5 minutes. Ajoutez les champignons et prolongez la cuisson de quelques minutes. Saupoudrez de farine, puis remuez et laissez cuire 2 minutes à feu doux. Pendant ce temps, faites chauffer le lait dans une autre casserole. Incorporez-le à la préparation sans cesser de remuer. Arrosez de bouillon et assaisonnez, puis parsemez de noix de muscade, de moutarde en poudre et ajoutez la feuille de laurier. Portez à ébullition en remuant constamment. Incorporez le poulet et les légumes mélangés, puis transférez le tout dans un plat allant au four.

2 Préchauffez le four à 180 °C (therm. 6). Battez l'œuf dans un bol. Étalez la pâte, puis disposez-la sur la préparation et pressez les bords avec les doigts. Badigeonnez-la d'œuf battu. Faites un petit trou au centre de la tourte, puis enfournez pour 25 minutes.

Magret de canard au chou

Pour 4 personnes
Préparation et cuisson : 50 min

2 magrets de canard
1 cuill. à café de poivre noir en grains concassé
1 bouquet de persil
1 gousse d'ail
6 tranches de lard fumé
1 chou frisé
600 g de pommes de terre nouvelles
1 cuill. à soupe de vinaigre balsamique
2 cuill. à soupe d'huile d'olive
sel

1 Incisez la peau des magrets à l'aide d'un couteau, puis saupoudrez-la de poivre et de sel. Mettez les magrets dans une sauteuse, côté peau en dessous. Faites-les cuire à feu doux pendant 15 minutes pour que la graisse fonde, puis retournez-les. Laissez-les cuire encore 5 minutes et réservez-les.

2 Hachez le persil, l'ail et le lard. Lavez le chou, coupez-le en quatre, jetez son cœur et hachez ses feuilles. Coupez les pommes de terre en rondelles. Faites-les rissoler dans la sauteuse à feu vif jusqu'à ce qu'elles soient dorées, puis parsemez-les de persil et d'ail. Transférez-les dans un plat et salez-les. Dans la même sauteuse, faites revenir le lard jusqu'à ce qu'il soit croustillant. Ajoutez le chou et laissez cuire 1 minute. Arrosez-le d'un peu d'eau et prolongez la cuisson de 2 minutes.

3 Pendant ce temps, délayez le jus des magrets avec le vinaigre et l'huile. Coupez les magrets en tranches et servez-les avec le chou, les pommes de terre sautées et la vinaigrette.

CANARD AU VIN

POUR 6 PERSONNES
Préparation et cuisson : 2 h

6 cuisses de canard
4 cuill. à soupe de farine
1 cuill. à soupe d'huile de tournesol
3 carottes
1 oignon
4 gousses d'ail
1 bouteille de vin rouge
1 bouquet garni composé
de thym et de laurier
140 g de lardons fumés
200 g de petits champignons de Paris
sel et poivre du moulin

POUR SERVIR
haricots verts
pommes de terre sautées

1 Préchauffez le four à 160 °C (therm. 5-6). Mettez les cuisses de canard dans un saladier, puis assaisonnez-les. Saupoudrez de farine et remuez pour en enrober la viande. Faites chauffer l'huile dans une cocotte allant au four, puis laissez dorer les cuisses de canard de tous les côtés pendant 10 minutes. Réservez le canard dans une assiette. Pelez et hachez les carottes, l'oignon et l'ail. Ajoutez-les dans la cocotte, puis prolongez la cuisson de 5 minutes.

2 Disposez les cuisses de canard au milieu des légumes. Arrosez de vin rouge, puis ajoutez le bouquet garni et portez à ébullition. Couvrez et enfournez pour 1 h 30.

3 Faites chauffer une cocotte et saisissez les lardons pendant 5 minutes. Augmentez le feu, puis ajoutez les champignons et laissez cuire 3 ou 4 minutes. Remettez le canard et la sauce dans le plat. Faites mijoter 10 minutes, puis servez avec des haricots verts et des pommes de terre sautées.

Pintade aux marrons et aux champignons

Pour 4 personnes
Préparation et cuisson : 1 h 45

1 pintade
1/2 citron
2 feuilles de laurier
quelques brins de thym
3 cuill. à soupe d'huile d'olive
500 g de pommes de terre
3 gousses d'ail
200 g de champignons de Paris
200 g de marrons cuits
sel et poivre du moulin

POUR LA SAUCE
15 cl de vin blanc
15 cl de bouillon de volaille
1 cuill. à soupe de gelée de mûres ou de groseilles

1 Préchauffez le four à 190 °C (therm. 6-7). Assaisonnez la volaille. Farcissez-la avec le demi-citron, le laurier et 2 brins de thym, puis mettez-la dans un plat à rôtir. Arrosez d'un filet d'huile et enfournez pour 15 minutes.

2 Coupez les pommes de terre en gros morceaux et mélangez-les avec le thym restant. Écrasez légèrement les gousses d'ail et ajoutez-les aux pommes de terre avec le reste de l'huile. Assaisonnez. Répartissez les pommes de terre autour de la pintade et enfournez pour 45 minutes.

3 Ajoutez les champignons et les marrons. Enfournez pour 15 minutes. Réservez la volaille et les légumes au chaud dans un plat de service.

4 Préparez la sauce. Dans une casserole portez le jus de cuisson à ébullition. Ajoutez le vin, le bouillon et la gelée. Portez de nouveau à ébullition, sans cesser de remuer, et laissez cuire jusqu'à ce que la sauce ait légèrement épaissi. Servez.

POISSON ET FRUITS DE MER

Poisson au four à la sauce tomate 108

Filets de poisson et sauce aux câpres 110

Haddock aux pommes de terre et à la crème 112

Saumon à la moutarde et à l'aneth 114

Pavés de saumon et légumes au four 116

Saumon en papillote 118

Koulibiac de truite 120

Poisson grillé et salade de courgettes 122

Truite à la sauce au cresson 124
Maquereaux grillés et boulgour aux herbes 126
Thon grillé aux haricots verts et salsa verte 128
Marmite de la mer 130
Moules à la crème 132
Saint-jacques à la sauce vierge 134
Spaghettis au crabe et aux petits pois 136
Spaghettis aux palourdes 138

Poisson au four à la sauce tomate

Pour 4 personnes
Préparation et cuisson : 45 min

4 filets de 175 g chacun de carrelet ou d'un autre poisson à chair blanche sans la peau
1 poignée de basilic
sel et poivre du moulin

POUR LA SAUCE
2 oignons
4 gousses d'ail
1 cuill. à café d'huile d'olive
400 g de tomates olivettes en conserve

1 Préchauffez le four à 190 °C (therm. 6-7).

2 Préparez la sauce. Émincez séparément les oignons et l'ail en lamelles. Dans un plat allant au four, versez l'huile d'olive et ajoutez les oignons. Passez-les 15 minutes au four, jusqu'à ce qu'ils soient tendres et commencent à colorer. Ajoutez l'ail, les tomates, du sel et du poivre, et repassez 15 minutes au four.

3 Disposez le poisson par-dessus, salez, poivrez et remettez au four de 10 à 15 minutes. Ciselez grossièrement les feuilles de basilic, éparpillez-les sur le dessus et servez aussitôt.

Filets de poisson et sauce aux câpres

Pour 2 personnes
Préparation et cuisson : 50 min

450 g de pommes de terre
2 cuill. à café d'huile d'olive
2 filets de poisson blanc de 140 g chacun
1 citron
1 petite poignée de persil
1 cuill. à soupe de câpres hachées
2 cuill. à soupe bombée de yaourt à la grecque
sel et poivre du moulin

1 Préchauffez le four à 180 °C (therm. 6). Pelez les pommes de terre, coupez-les en frites, puis enduisez-les d'un peu d'huile d'olive. Étalez les frites sur une plaque de cuisson antiadhésive et enfournez pour 40 minutes.

2 Pendant ce temps, mettez le poisson dans un plat creux, badigeonnez-le du reste d'huile d'olive et assaisonnez selon votre goût. Prélevez le zeste du citron, détaillez-le en fines lamelles, puis réservez-les. Pressez le fruit et versez la moitié du jus sur les filets de poisson. Enfournez pour 10 minutes.

3 Ciselez le persil, puis parsemez le poisson de zeste de citron et de la moitié du persil. Prolongez la cuisson de 2 à 5 minutes.

4 Dans un bol, mélangez les câpres avec le yaourt, le reste du persil et du jus de citron, puis assaisonnez selon votre goût. Répartissez les frites dans 2 assiettes, ajoutez le poisson, une coupelle de sauce aux câpres, puis servez.

Haddock aux pommes de terre et à la crème

Pour 2 personnes
Préparation et cuisson : 15 à 20 min

400 g de haddock sans la peau
1 poireau
1 poignée de persil
15 cl de crème fraîche épaisse
400 g de grosses pommes de terre
sel et poivre du moulin

1 Coupez le haddock en petits morceaux, épluchez puis émincez le poireau et hachez le persil. Au fond d'un grand plat peu profond allant au micro-ondes, étalez et mélangez ces ingrédients avec les doigts ou avec une cuillère. Répandez-y la moitié de la crème fraîche et 5 cuillerées à soupe d'eau. Coupez les pommes de terre en fines rondelles et répartissez-les sur la préparation. Salez légèrement, poivrez généreusement et versez le reste de la crème.

2 Couvrez le plat avec du film alimentaire percé de quelques trous. Passez de 8 à 10 minutes au four à micro-ondes (à température maximale), jusqu'à ce que tout bouillonne et que les pommes de terre soient tendres quand on y pique un couteau. Pendant ce temps, préchauffez le gril à haute température.

3 Retirez le film alimentaire et passez le plat sous le gril pour faire dorer les pommes de terre. Laissez reposer quelques minutes avant de servir.

Saumon à la moutarde et à l'aneth

Pour 4 personnes
Préparation et cuisson : 20 min

1 beau bouquet d'aneth
5 cuill. à soupe de moutarde de Dijon
4 cuill. à soupe de sucre muscovado (ou sucre roux)
4 filets de saumon sans la peau
1 cuill. à soupe de jus de citron
1 cuill. à soupe de vinaigre de cidre ou de vin blanc

POUR SERVIR
salade verte

1 Préchauffez le gril du four, puis émincez l'aneth. Dans un petit saladier, mélangez 2 cuillerées à soupe de moutarde, la moitié de l'aneth et 2 cuillerées à soupe de sucre. Badigeonnez les filets de saumon de ce mélange et passez 6 ou 7 minutes sous le gril.

2 Préparez la sauce. Mélangez, dans un bol, le reste de la moutarde, de l'aneth et du sucre avec le jus de citron et le vinaigre. Servez avec le saumon et une salade verte.

PAVÉS DE SAUMON ET LÉGUMES AU FOUR

POUR 2 PERSONNES
Préparation et cuisson : 1 h

400 g de pommes de terre nouvelles
2 cuill. à soupe huile d'olive
8 pointes d'asperges
2 poignées de tomates cerises
1 cuill. à soupe de vinaigre balsamique
2 pavés de saumon d'environ 140 g chacun

POUR SERVIR
1 poignée de basilic

1 Préchauffez le four à 220 °C (therm. 7-8). Réunissez dans un plat allant au four les pommes de terre et 1 cuillerée à soupe d'huile d'olive. Enfournez et laissez cuire pendant 20 minutes.

2 Coupez les asperges en deux. Mettez-les dans le plat et prolongez la cuisson de 15 minutes. Ajoutez les tomates cerises et le vinaigre balsamique. Déposez le saumon au milieu des légumes. Arrosez avec le reste d'huile, enfournez et laissez cuire de 10 à 15 minutes, jusqu'à ce que le saumon soit cuit. Parsemez de basilic et servez.

Saumon en papillote

Pour 10 personnes
Préparation et cuisson : 1 h 20

1 filet d'huile d'olive
1 saumon de 3,5 kg, nettoyé et vidé
1 petit oignon
4 feuilles de laurier
1 poignée d'aneth
6 cuill. à soupe de vin blanc sec
sel et poivre du moulin

POUR LA GARNITURE
1 concombre
1 bouquet de cresson
quelques quartiers de citron
aneth

1 Préchauffez le four à 130 °C (therm. 4-5). Huilez une grande feuille d'aluminium et placez le saumon dessus. Pelez l'oignon, puis émincez-le et mettez-le dans le ventre du poisson avec les feuilles de laurier et l'aneth. Arrosez de vin et assaisonnez. Rabattez la feuille d'aluminium sur le poisson, puis fermez la papillote sans serrer et transférez-la sur une plaque de cuisson. Enfournez pour 1 heure. Si vous le souhaitez, faites cuire le poisson la veille et réservez-le au réfrigérateur.

2 Laissez refroidir la papillote sans l'ouvrir, puis ouvrez-la. Retirez la peau et les nageoires du dessus. Coupez éventuellement la tête du poisson, puis transférez le poisson dans un plat.

3 Préparez la garniture. Pelez et épépinez le concombre, puis détaillez-le en morceaux et ajoutez-les dans le plat avec le cresson et les quartiers de citron. Ciselez l'aneth, puis parsemez-en le plat. Servez.

Koulibiac de truite

Pour 4 personnes
Préparation et cuisson : 45 min

250 g de filets de truite sans la peau
2 oignons nouveaux
2 œufs durs
250 g de riz cuit (soit 100 g cru)
le jus et le zeste de 1 citron
2 cuill. à soupe de feuilles d'aneth ciselées
500 g de pâte feuilletée pur beurre, prête à l'emploi
1 œuf battu
sel et poivre du moulin

1 Faites cuire les filets de truite 4 minutes à la vapeur, ou 3 minutes au four à micro-ondes en les recouvrant de film alimentaire. Émincez finement les oignons, écalez, puis hachez les œufs durs, émiettez le poisson et mélangez ces ingrédients avec le riz, le jus et le zeste de citron ainsi que l'aneth. Salez et poivrez.

2 Préchauffez le four à 200 °C (therm. 6-7). Partagez la pâte en deux et étalez-la en formant 2 rectangles de 2 ou 3 mm d'épaisseur. Posez le premier rectangle de pâte sur une plaque, puis étalez le mélange riz-truite par-dessus, en un rectangle de 10 x 18 cm. Laissez une bande libre tout autour et humidifiez-la au pinceau. Recouvrez du second morceau de pâte, soudez bien les bords et recoupez nettement le tour du feuilleté. Avec un pinceau, badigeonnez de jaune d'œuf la surface du feuilleté, dessinez un décor, enfournez et laissez cuire 30 minutes.

Poisson grillé et salade de courgettes

Pour 4 personnes
Préparation et cuisson : 20 min

12 petites courgettes
2 cuill. à soupe d'huile d'olive
4 pavés de poisson blanc épais avec la peau
1/2 citron
1 bouquet de menthe
100 g de cresson ou de roquette
sel et poivre du moulin

POUR L'AÏOLI AUX FINES HERBES
1 gousse d'ail
1 poignée de fines herbes (ciboulette, persil, menthe et aneth)
20 cl de mayonnaise à l'huile d'olive
1 citron

1 Faites chauffer un gril sur feu vif. Coupez les courgettes en deux dans la longueur et enduisez-les d'un peu d'huile d'olive. Assaisonnez-les, laissez-les cuire sur le gril jusqu'à ce qu'elles soient tendres, puis réservez-les.

2 Préparez l'aïoli aux fines herbes. Écrasez l'ail, hachez les trois quarts des fines herbes, puis incorporez-les à la mayonnaise. Pressez le citron et versez la quantité de jus souhaitée.

3 Assaisonnez le poisson, puis faites chauffer une poêle antiadhésive. Ajoutez un peu d'huile d'olive et faites-y revenir le poisson, côté peau en dessous, pendant 3 minutes. Retournez le poisson et prolongez la cuisson de 1 minute, jusqu'à ce qu'il soit cuit.

4 Pressez le demi-citron et mélangez-le avec le reste d'huile d'olive dans un saladier. Assaisonnez, ajoutez les courgettes, les feuilles de menthe, le cresson et brassez le tout. Répartissez la salade dans les assiettes, ajoutez le poisson, 1 cuillerée à soupe d'aïoli, parsemez du reste des fines herbes et servez.

Truite à la sauce au cresson

Pour 2 personnes
Préparation et cuisson : 30 min

2 filets de truite
1 filet d'huile végétale
100 g de cresson
200 g de fromage frais
2 cuill. à café de câpres
le jus de 1/2 citron
1/2 laitue iceberg
sel et poivre du moulin

1 Préchauffez le four à 180 °C (therm. 6). Placez les filets de truite sur une feuille d'aluminium huilée, salez, poivrez, puis repliez la feuille pour constituer une papillote. Enfournez pour 10 à 15 minutes, jusqu'à ce que la chair du poisson soit devenue opaque.

2 Pendant ce temps, hachez sommairement le cresson, mixez-le avec le fromage frais. Rincez les câpres, puis hachez-les et incorporez-les à la préparation, ajoutez le jus de citron, salez et poivrez. Coupez la laitue en quartiers et servez la truite avec la salade et la sauce au cresson.

Maquereaux grillés et boulgour aux herbes

Pour 4 personnes
Préparation et cuisson : 30 min

200 g de boulgour
le jus et le zeste de 2 citrons
3 cuill. à soupe d'huile d'olive
+ un peu pour les poissons
1 poignée de roquette
1 bouquet de persil
1 bouquet de menthe
1/2 concombre
4 à 8 filets de maquereau, selon leur taille
sel et poivre du moulin

POUR SERVIR
2 citrons verts coupés en quartiers

1 Dans un saladier, versez le boulgour, couvrez-le d'eau bouillante et laissez-le tremper 20 minutes environ, jusqu'à ce qu'il soit tendre. Égouttez bien, puis mettez-le dans un saladier plus grand.

2 Dans un bol, mélangez le zeste et le jus de citron avec l'huile d'olive. Versez ce mélange sur le boulgour. Ciselez la roquette, le persil et la menthe ; épluchez et émincez le concombre. Mettez les légumes et les herbes sur le boulgour. Mélangez bien, puis salez et poivrez selon votre goût.

3 Préchauffez le gril du four. Badigeonnez la peau des filets de maquereau avec un peu d'huile, puis salez et poivrez les 2 faces des filets. Placez-les sous le gril et laissez cuire 4 ou 5 minutes.

4 Transvasez le boulgour aux herbes sur un grand plat de service, puis déposez les filets de maquereau sur le dessus. Servez avec des quartiers de citron vert.

Thon grillé aux haricots verts et salsa verte

Pour 4 personnes
Préparation et cuisson : 15 min

300 g de haricots verts
200 g de tomates cerises
4 tranches de thon
2 cuill. à soupe d'estragon

POUR LA SALSA VERTE
1 petit bouquet de persil
1 petit bouquet de basilic
4 filets d'anchois
2 cuill. à soupe de câpres rincées et égouttées
1 gousse d'ail
le jus de 1 citron
15 cl d'huile d'olive
sel et poivre du moulin

1 Préparez la salsa verte. Passez au mixeur le persil, le basilic, les anchois, les câpres, l'ail, le jus de citron et l'huile d'olive. Salez et poivrez.

2 Dans une casserole d'eau bouillante, faites cuire les haricots verts, puis égouttez-les. Quand ils sont tendres, mélangez-les à quelques cuillerées à soupe de salsa. Coupez les tomates cerises en deux et ajoutez-les.

3 Préchauffez le gril du four. Passez le thon au gril 2 ou 3 minutes de chaque côté. Servez sur un lit de haricots, en arrosant d'un peu de salsa et en parsemant d'estragon haché.

Marmite de la mer

Pour 4 personnes
Préparation et cuisson : 40 min

1 gros bouquet de persil
1 cuill. à soupe d'huile d'olive
2 oignons
2 branches de céleri
200 g de poivrons rouges grillés en bocal
2 ou 3 cuill. à café de paprika
400 g de tomates pelées et concassées en conserve
400 g de filets de poisson blanc
quelques moules fraîches
sel et poivre du moulin

POUR SERVIR
pain croustillant

1 Séparez les feuilles des tiges du bouquet de persil. Dans le bol d'un robot, réunissez les tiges du persil, la moitié de ses feuilles, l'huile, du sel et du poivre. Mixez jusqu'à l'obtention d'une pâte. Pelez les oignons, puis émincez-les. Hachez le céleri et coupez les poivrons en lamelles.

2 Dans une cocotte, mélangez la pâte à base de persil avec les oignons, le céleri, les poivrons, le paprika et les tomates. Couvrez, puis laissez mijoter 20 minutes.

3 Détaillez le poisson en gros morceaux. Rincez les moules, puis jetez toutes celles qui ne se referment pas quand on les tape d'un coup sec. Ébarbez celles qui restent et enfoncez-les dans la préparation. Posez dessus les morceaux de poisson, puis laissez mijoter 15 minutes à couvert, jusqu'à ce que le poisson s'émiette facilement et que les moules soient ouvertes.

4 Jetez les moules qui sont restées fermées. Mélangez délicatement les autres avec la sauce, puis assaisonnez le tout. Répartissez la préparation dans des bols, parsemez du reste du persil et servez avec des tranches de pain.

Moules à la crème

Pour 4 personnes
Préparation et cuisson : 20 min

2 échalotes
25 g de beurre
1 cuill. à café de farine
1 ou 2 cuill. à café de pâte de curry
15 cl de vin blanc sec
2 kg de moules fraîches
10 cl de crème fraîche liquide

POUR SERVIR
persil haché
frites ou pain (facultatif)

1 Pelez les échalotes, puis émincez-les. Mettez-les dans une cocotte avec le beurre, la farine, la pâte de curry et le vin. Laissez cuire doucement pendant 5 ou 6 minutes.

2 Rincez les moules et jetez toutes celles qui ne se referment pas quand on les tape d'un coup sec. Grattez celles qui restent, puis ébarbez-les et ajoutez-les dans la cocotte. Faites cuire 6 minutes à feu vif en remuant.

3 Jetez toutes les moules qui sont restées fermées. Incorporez la crème fraîche à la préparation et laissez cuire 5 minutes pour réduire le liquide de cuisson.

4 Répartissez les moules dans 4 assiettes. Nappez-les de sauce et parsemez de persil. Servez éventuellement avec des frites ou du pain.

Saint-Jacques à la sauce vierge

Pour 4 personnes
Préparation et cuisson : 35 min

12 grosses noix de saint-jacques
1 filet d'huile d'olive

POUR LA SAUCE
2 gousses d'ail
10 cl d'huile d'olive
1 cuill. à café de graines de coriandre
500 g de tomates mûres mais fermes
3 cuill. à soupe de vinaigre de vin
1 poignée de basilic
1 poignée de coriandre
1 poignée de persil
sel et poivre du moulin

1 Préparez la sauce. Pelez et émincez finement l'ail. Faites chauffer l'huile d'olive à feu doux dans une petite casserole avec les graines de coriandre et l'ail. Réservez.

2 Incisez les tomates en croix du côté opposé au pédoncule, plongez-les 10 secondes dans une casserole d'eau bouillante, égouttez-les, puis refroidissez-les sous un filet d'eau froide. Pelez les tomates, coupez-les en deux et épépinez-les. Coupez la chair en petits dés. Mettez-les dans un bol, salez et poivrez, puis ajoutez le vinaigre, le mélange d'huile et de coriandre, et les herbes finement ciselées. Laissez infuser au moins 20 minutes.

3 Séchez bien les noix de saint-jacques et faites-les revenir 1 minute de chaque côté, dans une poêle antiadhésive très chaude avec l'huile d'olive, pour qu'elles caramélisent légèrement. Recouvrez 4 assiettes de tomates assaisonnées, disposez 3 noix de saint-jacques sur chacune et servez sans attendre.

Spaghettis au crabe et aux petits pois

Pour 4 personnes
Préparation et cuisson : 15 min

- 1 piment rouge
- 1 poignée de persil
- 400 g de spaghettis
- 200 g de petits pois frais
- 300 g de chair de crabe
- 5 cuill. à soupe de crème fraîche légère
- le zeste de 1 citron
- et le jus de 1/2 citron
- sel

1 Épépinez le piment, puis hachez-le. Ciselez le persil. Dans une grande casserole, portez de l'eau salée à ébullition, puis faites cuire les spaghettis 8 minutes. Ajoutez les petits pois 3 minutes avant la fin du temps de cuisson.

2 Égouttez les pâtes et les petits pois dans une passoire, en réservant un peu d'eau de cuisson, puis remettez le tout dans la casserole. Incorporez soigneusement la chair de crabe, la crème fraîche, le piment, le persil, le jus et le zeste de citron. Mouillez avec un peu d'eau de cuisson, si nécessaire, puis servez.

Spaghettis aux palourdes

Pour 2 personnes
Préparation et cuisson : 15 min

1 grosse gousse d'ail
2 tomates mûres
1 petit piment rouge
500 g de palourdes
2 cuill. à soupe d'huile d'olive
5 cuill. à soupe de vin blanc
140 g de spaghettis
2 cuill. à soupe de persil haché
sel

POUR SERVIR
pain croustillant (facultatif)

1 Pelez l'ail, puis hachez-le avec les tomates et le piment. Dans un grand saladier d'eau froide, rincez les palourdes en changeant l'eau à plusieurs reprises. Jetez celles qui sont abîmées ou qui ne se referment pas quand on les tape d'un coup sec.

2 Dans une cocotte, mettez à chauffer l'huile et saisissez les palourdes pendant 1 minute. Ajoutez l'ail, les tomates, le piment et le vin. Laissez mijoter 3 minutes.

3 Pendant ce temps, portez une grande casserole d'eau salée à ébullition. Faites cuire les spaghettis de 8 à 11 minutes dans l'eau bouillante. Égouttez-les, puis ajoutez-les dans la cocotte avec le persil et remuez bien le tout. Répartissez les spaghettis aux palourdes dans des assiettes et servez éventuellement avec du pain.

PLATS VÉGÉTARIENS

Risotto à la courge	142
Risotto aux petits pois et à la menthe	144
Gratins de macaronis	146
Cannellonis aux épinards et à la feta	148
Pâtes au pesto	150
Pappardelle aux champignons	152
Pizzas Margherita	154
Tarte aux tomates cerises et au parmesan	156

Tarte forestière 158

Quiche au fromage et à l'oignon 160

Tourte au fromage et aux pommes de terre 162

Ratatouille 164

Omelette légère 166

Frittata au chèvre et aux petits pois 168

Omelette aux champignons 170

Risotto à la courge

Pour 2 personnes
Préparation et cuisson : 50 min

1 courge
4 cuill. à soupe d'huile d'olive
60 cl de bouillon de légumes
2 gousses d'ail
1 oignon
1 branche de céleri
50 g de beurre
1 feuille de laurier
1 cuill. à café de feuilles de thym
140 g de riz pour risotto
10 cl de vin blanc
50 g de parmesan râpé
sel et poivre du moulin

1 Préchauffez le four à 180 °C (therm. 6). Pelez la courge, épépinez-la, puis coupez sa chair en dés. Mettez la moitié de la courge et l'huile dans un plat. Assaisonnez et enfournez pour 30 minutes. Mettez le reste de la courge dans une casserole à feu doux, ajoutez le bouillon et laissez mijoter.

2 Pendant ce temps, écrasez l'ail, puis hachez l'oignon et le céleri. Faites fondre la moitié du beurre dans une poêle, puis faites frire l'oignon 3 minutes. Ajoutez l'ail, le céleri, le laurier et le thym. Couvrez, laissez cuire 2 minutes, puis ajoutez le riz. Faites cuire 5 minutes à découvert en remuant.

3 Versez le vin dans la poêle et laissez réduire à feu vif. Baissez le feu, puis ajoutez presque tout le bouillon en remuant, jusqu'à ce que le liquide ait été absorbé. Écrasez les dés de courge dans le bouillon restant et incorporez le tout au riz.

4 Ôtez du feu. Coupez le reste du beurre en dés, puis parsemez-en le risotto. Ajoutez presque tout le parmesan, couvrez et laissez cuire 2 minutes. Remuez, assaisonnez, puis servez avec la courge rôtie et saupoudrez du reste du parmesan.

RISOTTO AUX PETITS POIS ET À LA MENTHE

POUR 4 PERSONNES
Préparation et cuisson : 30 min

1 oignon
2 gousses d'ail
2 cuill. à soupe d'huile d'olive
1 noix de beurre
400 g de riz pour risotto
15 cl de vin blanc
1 l de bouillon de légumes chaud (fait maison ou reconstitué à partir de 1 cube)
450 g de petits pois surgelés
25 g de parmesan râpé
1 petit bouquet de menthe
2 cuill. à soupe de mascarpone
Sel et poivre du moulin

1 Hachez séparément l'oignon et l'ail. Faites chauffer l'huile d'olive et le beurre dans une grande casserole à fond épais. Quand le beurre devient mousseux, faites-y revenir l'oignon 5 minutes, jusqu'à ce qu'il soit tendre. Ajoutez l'ail et le riz, et faites revenir quelques minutes, jusqu'à ce que le riz devienne opaque et brillant.

2 Versez le vin et laissez bouillir 1 minute, en remuant constamment. Baissez le feu et commencez à verser le bouillon, louche après louche, au fur et à mesure que le riz l'absorbe. L'opération prend environ 15 minutes.

3 Avec la dernière louche de bouillon, ajoutez les petits pois. En fin de cuisson, le riz doit être onctueux, mais rester ferme. Sortez du feu et ajoutez le parmesan, la menthe que vous aurez ciselée et le mascarpone. Salez, poivrez, remuez et servez.

Gratins de macaronis

Pour 4 personnes
Préparation et cuisson : 1 h

30 g de beurre
30 g de farine
85 cl de lait
1 gousse d'ail
1 cuill. à café de moutarde forte
200 g de cheddar
100 g de gruyère
50 g de parmesan
ou de grana padano
250 g de macaronis
sel et poivre du moulin

1 Faites fondre le beurre à feu moyen dans une casserole, puis saupoudrez la farine et faites cuire 3 minutes en remuant. Versez progressivement le lait, sans cesser de remuer, jusqu'à l'obtention d'une sauce lisse et onctueuse.

2 Coupez la gousse d'ail en deux morceaux, faites-les infuser 4 minutes dans la sauce, puis retirez-les. Ajoutez la moutarde dans la casserole, râpez le cheddar, le gruyère et le parmesan, et saupoudrez-en la préparation en réservant la moitié du parmesan. Mélangez sans cesse pour que le fromage fonde au fur et à mesure que vous l'incorporez. Salez et poivrez.

3 Préchauffez le four à 220 °C (therm. 7-8). Faites cuire les macaronis dans une casserole d'eau bouillante salée jusqu'à ce qu'ils soient *al dente*, rincez-les à l'eau froide dans une passoire et laissez-les s'égoutter. Mélangez-les à la sauce et répartissez-les dans 4 plats à gratins individuels. Saupoudrez chaque plat du reste de parmesan, puis enfournez et laissez cuire 15 minutes, jusqu'à ce que la surface des gratins soit dorée. Passez-les quelques instants sous le gril, si nécessaire, et servez.

Cannellonis aux épinards et à la feta

Pour 4 personnes
Préparation et cuisson : 35 min

1 kg d'épinards cuits, frais ou surgelés
4 grandes feuilles de lasagne
200 g de feta
noix de muscade
50 g d'olives noires dénoyautées
400 g de tomates pelées et concassées en conserve
1 cuill. à soupe de câpres
25 g de parmesan râpé
sel et poivre du moulin

1 Si les épinards sont surgelés, laissez-les décongeler à température ambiante. Préchauffez le four à 200 °C (therm. 6-7). Faites tremper les feuilles de lasagne pendant 5 minutes dans un grand récipient d'eau bouillante salée, ou faites-les cuire selon les instructions figurant sur le paquet.

2 Pressez bien les épinards pour en extraire autant d'eau que possible, mélangez-les à la feta émiettée, assaisonnez de sel, de poivre et de noix muscade râpée. Égouttez les lasagnes et coupez-les en deux dans le sens de la longueur. Mettez 4 cuillerées à soupe d'épinards sur chacune, puis roulez-les et posez-les dans un plat à gratin huilé.

3 Hachez les olives et les tomates. Rincez et égouttez les câpres. Mélangez les olives, les tomates et les câpres dans un grand bol, étalez-les sur les cannellonis, saupoudrez de parmesan et couvrez le plat avec une feuille de papier sulfurisé. Enfournez et laissez cuire 20 minutes.

PÂTES AU PESTO

POUR 4 PERSONNES
Préparation et cuisson : 45 min

500 g de petites tomates olivettes ou de tomates cerises
2 cuill. à soupe d'huile d'olive
1 cuill. à soupe de vinaigre balsamique
500 g de spaghettis
2 poignées de roquette
sel et poivre du moulin

POUR LA SAUCE AU PESTO
30 g de pignons
1/2 gousse d'ail
12 cl d'huile d'olive
50 g de parmesan râpé
60 g de basilic

1 Préchauffez le four à 190 °C (therm. 6-7). Recouvrez une plaque de cuisson avec du papier sulfurisé et posez dessus les tomates coupées en deux. Arrosez-les avec l'huile d'olive et le vinaigre. Salez, poivrez. Enfournez-les pour 20 minutes environ.

2 Pendant ce temps, préparez la sauce au pesto. Dans une poêle antiadhésive, faites griller les pignons 1 minute à feu vif. Passez au mixeur les pignons, l'ail, l'huile d'olive et le parmesan. Terminez par le basilic. Quand le mélange est homogène, salez et poivrez.

3 Faites cuire les pâtes selon les instructions figurant sur le paquet. Égouttez et mélangez dans un plat avec le pesto et la roquette. Servez aussitôt, en répartissant les tomates sur les assiettes.

Pappardelle aux champignons

Pour 2 personnes
Préparation et cuisson : 20 min

150 g de pappardelle
1 gousse d'ail
250 g de champignons de Paris
25 g de beurre
1 poignée de feuilles de sauge
le jus de 1 citron
sel et poivre du moulin

1 Portez de l'eau salée à ébullition dans une grande casserole, plongez-y les pâtes et laissez-les cuire 8 minutes. Égouttez-les en gardant un peu d'eau de cuisson.

2 Pendant ce temps, pelez et écrasez l'ail, émincez les champignons, puis faites revenir le tout quelques minutes avec le beurre dans une poêle. Ajoutez la sauge ciselée avec le jus de citron et laissez cuire 1 ou 2 minutes.

3 Mélangez les pappardelle, les champignons et 1 ou 2 cuillerées à soupe d'eau de cuisson. Salez, poivrez et servez bien chaud.

Pizzas Margherita

Pour 6 personnes
Préparation et cuisson : 45 à 50 min
Repos de la pâte : 1 h

500 g de préparation pour pâte à pain ou à pizza
6 cuill. à soupe de sauce tomate
1 petit bouquet de basilic
18 tomates cerises
250 g de mozzarella
25 g de parmesan râpé

1 Huilez un saladier. Préparez la pâte à pain, puis placez-la dans le saladier et laissez-la lever 1 heure. Frappez la pâte du poing pour éliminer le maximum d'air. Farinez le plan de travail, puis divisez la pâte en 6 parts égales. Étalez les morceaux de pâte en formant des disques de 20 cm de diamètre.

2 Préchauffez le four à 200 °C (therm. 6-7). Huilez des plaques de cuisson et transférez les disques de pâte dessus, puis badigeonnez chaque disque de 1 cuillerée à soupe de sauce tomate. Ciselez le basilic et coupez les tomates cerises en deux. Tranchez la mozzarella. Répartissez le basilic, les demi-tomates, la mozzarella et le parmesan sur la sauce tomate. Enfournez pour 10 minutes.

Tarte aux tomates cerises et au parmesan

Pour 8 personnes
Préparation et cuisson : 1 h 05 à 1 h 15
Réfrigération : 20 min

500 g de pâte brisée prête à l'emploi
300 g de tomates cerises
1 filet d'huile d'olive
1 poignée de basilic
2 œufs
30 cl de crème fraîche épaisse
50 g de parmesan râpé
sel et poivre du moulin

1 Préchauffez le four à 180 °C (therm. 6). Déroulez la pâte brisée et mettez-la dans un moule à tarte de 25 cm de diamètre. Laissez reposer le fond de tarte au réfrigérateur pendant 20 minutes.

2 Placez les tomates cerises dans un plat allant au four. Arrosez-les d'huile d'olive, puis placez-les en bas du four.

3 Piquez légèrement le fond de tarte à l'aide d'une fourchette. Couvrez la pâte de papier sulfurisé, puis de haricots secs, et enfournez pour 20 minutes. Ôtez les haricots et le papier, puis enfournez de nouveau pour 5 à 10 minutes. Sortez les tomates cerises du four.

4 Hachez les trois quarts du basilic. Mélangez les œufs, la crème et le basilic haché dans un saladier, puis assaisonnez. Répartissez les tomates et la moitié du parmesan sur le fond de tarte. Versez la préparation à base d'œufs, puis parsemez du reste du parmesan. Enfournez pour 20 à 25 minutes. Laissez refroidir, démoulez, parsemez du restant de basilic et servez.

Tarte forestière

Pour 8 personnes
Préparation et cuisson : 1 h 15
Réfrigération : 30 min

1 oignon moyen
30 g de beurre
750 g de champignons des bois
500 g de pâte brisée pur beurre, prête à l'emploi
3 œufs battus
20 cl de crème fraîche
100 g de gruyère râpé
sel et poivre du moulin

1 Hachez finement l'oignon et faites-le fondre dans une sauteuse avec la moitié du beurre, jusqu'à ce qu'il soit translucide, sans être coloré. Réservez. Coupez les plus gros champignons en morceaux, puis faites-les revenir dans la sauteuse, à feu vif, avec le reste du beurre. Secouez régulièrement la sauteuse et laissez s'évaporer toute l'eau, pour qu'ils soient bien secs. Mélangez-les avec l'oignon et laissez refroidir le tout. Salez et poivrez.

2 Garnissez de pâte brisée un moule à tarte de 24 cm de diamètre et 4 ou 5 cm de profondeur. Laissez reposer 30 minutes au réfrigérateur. Préchauffez le four à 200 °C (therm. 6-7). Recouvrez le fond de tarte de papier sulfurisé et de haricots secs, enfournez et laissez cuire de 15 minutes à blanc. Retirez les haricots et le papier et remettez à cuire de 5 à 10 minutes. Étalez les champignons sur le fond de tarte.

3 Mélangez les deux tiers des œufs battus avec la crème aigre, salez, poivrez, puis versez ce mélange sur les champignons. Parsemez de gruyère râpé. Badigeonnez le bord de la pâte avec le reste d'œuf, enfournez et laissez cuire 30 minutes, jusqu'à ce que la crème soit prise. Laissez refroidir légèrement avant de démouler.

Quiche au fromage et à l'oignon

Pour 8 personnes
Préparation et cuisson : 1 h 20
Repos de la pâte : 30 min

2 oignons
1 cuill. à soupe d'huile végétale
2 gros œufs
30 cl de crème fraîche épaisse
250 g de fromages mélangés (par exemple, un tiers de bleu d'Auvergne, un tiers de brie et un tiers de cheddar)
sel et poivre du moulin

POUR LA PÂTE
140 g de beurre froid
300 g de farine
1 cuill. à café de sel
1 œuf battu
2 cuill. à soupe d'eau

POUR SERVIR
salade verte
confiture d'oignon

1 Préparez la pâte. Coupez le beurre en dés, puis mixez-les dans le bol d'un robot avec la farine et le sel. Ajoutez l'œuf et l'eau dans le bol, puis mixez de nouveau pour obtenir une pâte souple. Farinez le plan de travail et pétrissez-y la pâte. Enveloppez-la de film alimentaire et réservez-la 30 minutes au frais.

2 Préchauffez le four à 180 °C (therm. 6). Farinez le plan de travail, étalez-y la pâte, puis disposez-la dans un moule à tarte à fond amovible de 23 cm de diamètre en la laissant dépasser. Couvrez-la de papier sulfurisé et de haricots secs. Enfournez pour 15 minutes. Retirez les haricots et le papier, puis prolongez la cuisson de 10 minutes.

3 Pendant ce temps, pelez les oignons, puis tranchez-les. Dans une poêle à feu doux, mettez l'huile à chauffer et faites revenir les oignons. Dans un bol, battez les œufs avec la crème fraîche, puis assaisonnez. Détaillez les fromages en morceaux. Répartissez-les sur le fond de tarte avec les oignons, puis arrosez du mélange à base d'œufs. Réduisez la température du four à 140 °C (therm. 4-5), puis enfournez pour 40 minutes. Servez avec de la salade verte et de la confiture d'oignon.

Tourte au fromage et aux pommes de terre

Pour 6 personnes
Préparation et cuisson : 2 h

200 g de fromage à pâte dure
20 cl de crème fraîche
500 g de pâte brisée prête à l'emploi
1 kg de pommes de terre à chair farineuse
2 oignons
1 botte d'oignons nouveaux
1 pincée de noix de muscade râpée
1 pincée de paprika
1 œuf
poivre du moulin

POUR SERVIR
salade de cresson et d'endive

1 Préchauffez le four à 200 °C (therm. 6-7). Coupez la moitié du fromage en petits morceaux. Râpez l'autre moitié et mélangez-la avec la crème fraîche. Étalez les deux tiers de la pâte brisée sur un plan de travail fariné. Graissez et farinez une tourtière de 23 cm de diamètre, puis foncez-la de pâte.

2 Émincez les pommes de terre et les oignons, hachez les oignons nouveaux, puis déposez-les avec les morceaux de fromage dans la tourtière en alternant les couches avec de la crème fraîche, du poivre, de la noix de muscade et du paprika au fur et à mesure. La garniture doit former un monticule.

3 Battez l'œuf. Avec le reste de la pâte, façonnez un second disque pour fermer la tourte. Badigeonnez le bord d'œuf battu, puis posez le disque sur la tourte. Pincez les bords des disques de pâte pour les souder. Badigeonnez aussi le dessus. Enfournez sur une plaque de cuisson pour 30 minutes. Abaissez la température du four à 180 °C (therm. 6) et prolongez la cuisson de 1 heure. Laissez refroidir pendant 10 minutes, puis coupez la tourte et servez avec la salade.

Ratatouille

Pour 4 personnes
Préparation et cuisson : 50 min

4 grosses tomates mûres
2 grosses aubergines
4 petites courgettes
2 poivrons rouges ou jaunes
5 cuill. à soupe d'huile d'olive
1 oignon moyen
3 gousses d'ail
1 cuill. à soupe de vinaigre de vin
1 cuill. à café de sucre en poudre
1 poignée de basilic
sel et poivre du moulin

1 Pelez les tomates et coupez-les en quartiers, épépinez-les et hachez grossièrement la chair. Tranchez les aubergines et les courgettes en rondelles de 1,5 cm d'épaisseur. Épépinez les poivrons et détaillez-les en morceaux.

2 Faites revenir les aubergines pendant 5 minutes avec 2 cuillerées à soupe d'huile d'olive dans une grande poêle à feu moyen. Retirez-les avec une écumoire et réservez-les. Ajoutez 1 cuillerée à soupe d'huile dans la poêle et faites dorer les courgettes pendant 5 minutes à feu moyen. Répétez l'opération avec les poivrons. À ce stade, tous ces légumes doivent rester fermes, car ils vont recuire ensuite.

3 Pelez l'oignon et l'ail, émincez l'oignon et écrasez l'ail. Faites fondre l'oignon 5 minutes à feu moyen dans l'huile restante, ajoutez l'ail et faites cuire 1 minute en remuant. Versez le vinaigre, le sucre, les tomates et la moitié du basilic grossièrement ciselé. Remettez les aubergines, les courgettes et les poivrons dans la poêle, salez, poivrez et prolongez la cuisson de 5 minutes. Parsemez la ratatouille du reste de basilic et servez.

Omelette légère

Pour 2 personnes
Préparation et cuisson : 15 min

1 petite poignée de basilic
50 g de fromage de chèvre
4 tomates cerises
4 œufs
1 cuill. à soupe de parmesan râpé
1 cuill. à soupe d'huile d'olive
sel et poivre du moulin

1 Préchauffez le gril du four à température maximale. Ciselez les feuilles de basilic, Coupez le fromage de chèvre en dés et les tomates en deux. Cassez les œufs en séparant les blancs des jaunes. Avec un fouet, montez d'abord les blancs en neige. Dans un autre récipient, battez les jaunes en y ajoutant le parmesan et la majeure partie du basilic, ainsi que du sel et du poivre.

2 Incorporez délicatement les blancs en neige dans la préparation à base de jaunes d'œufs, puis mélangez l'ensemble.

3 Faites chauffer l'huile dans une petite poêle allant au four, versez-y la préparation et laissez cuire 1 minute. Répartissez les dés de fromage de chèvre et les demi-tomates par-dessus, puis glissez la poêle 5 minutes sous le gril du four, jusqu'à ce que l'omelette soit gonflée et dorée. Décorez avec le reste du basilic et servez aussitôt dans la poêle.

Frittata au chèvre et aux petits pois

Pour 4 personnes
Préparation et cuisson : 25 min

300 g de petits pois et de fèves surgelés
8 œufs
lait
100 g de bûche de chèvre (avec la croûte)
1 ou 2 cuill. à soupe de menthe hachée
sel et poivre du moulin

1 Préchauffez le gril du four à température moyenne. Dans une casserole, portez de l'eau à ébullition, puis faites cuire les petits pois et les fèves pendant 4 minutes. Égouttez-les soigneusement. Dans un saladier, cassez les œufs, puis ajoutez un peu de lait. Assaisonnez et fouettez le tout.

2 Coupez 4 fines tranches de fromage de chèvre et réservez-les. Émiettez grossièrement le reste du chèvre au-dessus du saladier. Ajoutez les petits pois, les fèves et la menthe, puis mélangez l'ensemble délicatement.

3 Faites chauffer une poêle peu profonde allant au four, puis versez la préparation et laissez cuire quelques minutes à feu doux. Garnissez des tranches de chèvre, puis passez sous le gril du four jusqu'à ce que le fromage soit doré. Servez aussitôt.

Omelette aux champignons

Pour 1 personne
Préparation et cuisson : 15 min

1 poignée de champignons de Paris
1 petite poignée de persil
25 g de cheddar ou de gruyère
2 œufs
1 cuill. à soupe d'huile d'olive

1 Nettoyez les champignons, puis émincez-les. Ciselez grossièrement le persil et râpez le cheddar. Dans un bol, battez les œufs. Mettez l'huile à chauffer dans une poêle antiadhésive, puis faites revenir les champignons 3 minutes à feu vif en remuant régulièrement. Retirez-les de la poêle, puis mélangez-les avec le fromage et le persil dans un saladier.

2 Remettez la poêle sur le feu. Versez les œufs dans la poêle, puis laissez-les cuire 2 ou 3 minutes, selon votre goût, en remuant régulièrement avec une cuillère en bois.

3 Répartissez la préparation aux champignons sur une moitié de l'omelette. À l'aide d'une spatule, rabattez l'autre moitié sur la garniture. Prolongez la cuisson de quelques minutes, puis transférez l'omelette sur une assiette et dégustez très chaud.

DESSERTS

Tarte aux fraises	174
Tartelettes aux poires caramélisées	176
Tartelettes aux pommes minute	178
Tarte Tatin et crème au calvados	180
Tartelettes au citron meringuées	182
Tarte aux pêches et à la frangipane	184
Bavarois aux fruits rouges	186
Cake à l'orange nappé de chocolat	188
Brownies au chocolat	190
Biscuits au chocolat et à la noix de coco	192

Verrines banane-caramel 194

Tiramisu 196

Soufflé au chocolat noir 198

Mousse au chocolat 200

Riz au lait à la banane 202

Poires Belle-Hélène 204

Pommes rôties 206

Pain perdu aux prunes et au citron 208

Macarons au chocolat 210

Sorbet au chocolat 212

Tarte aux fraises

Pour 8 personnes
Préparation et cuisson : 1 h

250 g de pâte sablée pur beurre, prête à l'emploi
500 g de petites fraises
2 cuill. à soupe de gelée de groseilles

POUR LA CRÈME PÂTISSIÈRE
5 jaunes d'œufs
2 cuill. à café de sucre vanillé
100 g de sucre blond en poudre
50 g de farine
40 cl de lait
25 g de beurre

1 Préchauffez le four à 190 °C (therm. 6-7). Déposez la pâte dans une tourtière de 23 cm de diamètre. Recouvrez-la de papier sulfurisé et de haricots secs, enfournez et laissez cuire 10 minutes à blanc. Sortez du four, retirez les haricots et le papier, puis enfournez de nouveau pour 5 minutes. Laissez refroidir, démoulez délicatement et posez le fond de tarte sur une grille.

2 Préparez la crème pâtissière. Dans un grand bol, fouettez les jaunes d'œufs avec le sucre vanillé et le sucre blond jusqu'à ce qu'ils blanchissent. Incorporez la farine. Chauffez le lait dans une casserole, versez-le dans le bol en remuant. Remettez le tout dans la casserole, faites épaissir à feu doux, sans cesser de remuer. Hors du feu, ajoutez le beurre, mélangez et versez la crème dans un bol. Couvrez de film alimentaire et laissez refroidir.

3 Posez le fond de tarte sur un plat, étalez la crème pâtissière sur le fond. Lavez, équeutez et coupez les fraises en deux, puis disposez-les harmonieusement sur la crème pâtissière. Chauffez un peu la gelée de groseilles pour la liquéfier, enduisez-en les fruits avec un pinceau et servez.

TARTELETTES AUX POIRES CARAMÉLISÉES

POUR 4 PERSONNES
Préparation et cuisson : 40 min

2 petites poires mûres
1 pâte feuilletée pur beurre, prête à l'emploi
2 cuill. à soupe de confiture de lait
1 œuf battu

POUR SERVIR
crème fraîche

1 Préchauffez le four à 200 °C (therm. 6-7). Épluchez les poires. Coupez-les en deux, retirez le cœur et les pépins, puis coupez-les en tranches dans le sens de la longueur, en les laissant attachées au niveau de la queue.

2 Étalez la pâte sur une feuille de papier sulfurisé et divisez-la en 4 disques. Déposez 1/2 cuillerée à soupe de confiture de lait au centre de chaque disque de pâte et disposez dessus une demi-poire en éventail. Badigeonnez d'œuf le bord de la pâte pour que celle-ci dore, puis enfournez. Laissez cuire de 20 à 25 minutes, jusqu'à ce que la pâte soit levée et dorée. Servez avec 1 bonne cuillerée à soupe de crème fraîche.

Tartelettes aux pommes minute

Pour 4 personnes
Préparation et cuisson : 20 min

3 petites pommes rouges à cuire
4 grandes tranches (ou 8 petites) de brioche nature ou aux raisins
60 g de beurre
2 gousses de vanille
1 ou 2 cuill. à café de cannelle en poudre
4 cuill. à soupe de sucre muscovado (ou sucre roux)

POUR SERVIR
glace, crème fraîche ou crème anglaise

1 Retirez le cœur des pommes et coupez-les en quatre, puis en tranches très fines.

2 Préchauffez le four à 200 °C (therm. 6-7). Si vous avez 4 grandes tranches de brioche, recoupez-les de façon à former 8 rectangles. Beurrez généreusement l'un des côtés des rectangles (mais gardez un peu de beurre pour la suite). Déposez les 8 tranches de brioche sur une feuille de papier sulfurisé, côté beurré sur le dessus.

3 Coupez les gousses de vanille en deux, puis de nouveau en deux dans le sens de la longueur. Disposez les tranches de pomme sur les brioches et saupoudrez-les de cannelle et de sucre. Répartissez le reste de beurre à la surface et placez un morceau de gousse de vanille par tartelette. Passez de 6 à 10 minutes au four, jusqu'à ce que les pommes soient cuites et la brioche dorée. Servez avec de la glace, de la crème fraîche ou de la crème anglaise.

TARTE TATIN ET CRÈME AU CALVADOS

POUR 4 PERSONNES
Préparation et cuisson : 1 h

50 g de beurre
50 g de cassonade
1/2 cuill. à café de cannelle en poudre
6 pommes moyennes (galas ou reinettes)
375 g de pâte feuilletée prête à l'emploi

POUR LA CRÈME AU CALVADOS
20 cl de crème fraîche
2 cuill. à soupe de sucre glace
1 cuill. à soupe de calvados ou de cognac

1 Préchauffez le four à 220 °C (therm. 7-8). Faites fondre le beurre à feu moyen dans une tourtière de 20 cm de diamètre. Ajoutez la cassonade et laissez-la caraméliser légèrement. Incorporez la cannelle et les pommes pelées, épépinées et coupées en quatre. Enfournez pour 10 minutes, en remuant (le jus des pommes doit se mêler au caramel).

2 Piquez la pâte à la fourchette avant de l'étaler sur les pommes. Coupez l'excédent de pâte et rentrez les bords à l'intérieur de la tourtière.

3 Enfournez et faites cuire de 20 à 30 minutes, jusqu'à ce que la pâte soit dorée. Laissez reposer 5 minutes avant de décoller les bords avec un couteau. Démoulez sur un plat de service, côté pâte vers le bas.

4 Préparez la crème au calvados. Mélangez la crème fraîche avec le sucre glace et le calvados. Présentez la crème avec la tarte et servez.

Tartelettes au citron meringuées

Pour 8 tartelettes
Préparation et cuisson : 1 h 15
Réfrigération : 35 min

500 g de pâte brisée prête à l'emploi

POUR LA CRÈME AU CITRON
75 g de beurre
2 citrons
2 œufs + 1 jaune d'œuf
100 g de sucre en poudre

POUR LA MERINGUE
2 blancs d'œufs
50 g de sucre en poudre

1 Préchauffez le four à 180 °C (therm. 6). Farinez le plan de travail, déroulez la pâte et découpez 8 disques de 10 cm de diamètre à l'aide d'un emporte-pièce. Déposez-les dans des moules à muffins, puis piquez le fond avec une fourchette et réservez au frais 15 minutes. Garnissez les fonds de tarte de papier sulfurisé, parsemez de haricots secs, puis enfournez pour 20 minutes. Augmentez la température du four à 230 °C (therm. 7-8).

2 Préparez la crème au citron. Coupez le beurre en dés, prélevez le zeste des citrons et pressez les fruits. Dans un saladier, battez les œufs entiers avec le jaune d'œuf. Ajoutez le beurre, le sucre, le jus de citron et mélangez bien. Faites chauffer la préparation au bain-marie, puis fouettez jusqu'à ce qu'elle épaississe. Retirez du feu, incorporez le zeste de citron, puis laissez refroidir. Garnissez les fonds de tarte de crème au citron et réservez au frais pendant 20 minutes.

3 Préparez la meringue. Battez les blancs en neige ferme. Incorporez le sucre en continuant à battre, jusqu'à l'obtention d'une meringue satinée. Versez-la dans une poche à douille et déposez une rosace sur chaque tartelette. Enfournez pour 2 ou 3 minutes, laissez refroidir, puis démoulez et servez avec la crème au citron restante.

Tarte aux pêches et à la frangipane

Pour 8 personnes
Préparation et cuisson : 1 h 30
Réfrigération : 20 min

500 g de pâte brisée prête à l'emploi
1 blanc d'œuf
1 citron
4 pêches
20 cl de vin doux
100 g de sucre en poudre

POUR LA FRANGIPANE
3 œufs
1/2 citron
75 g d'amandes émondées
100 g de noisettes émondées
150 g de beurre ramolli
100 g de sucre en poudre
75 g de farine

1 Préchauffez le four à 180 °C (therm. 6). Étalez la pâte sur une épaisseur de 3 mm dans une tourtière rectangulaire de 28 x 20 cm. Piquez le fond à la fourchette et réservez au frais 20 minutes. Enfournez pour 20 minutes, badigeonnez de blanc d'œuf, prolongez la cuisson de 2 minutes et réservez.

2 Pressez le citron et coupez les pêches en quartiers. Dans une grande casserole, portez à ébullition le vin avec le sucre, le jus de citron et 10 cl d'eau jusqu'à ce que le sucre soit dissous. Réduisez le feu, ajoutez les pêches et prolongez la cuisson de 10 minutes. Laissez refroidir, puis faites réduire le reste du sirop jusqu'à ce qu'il en reste 6 à 8 cuillerées à soupe.

3 Préparez la frangipane. Battez les œufs et prélevez le zeste du citron. Hachez finement les amandes et les noisettes dans le bol d'un robot, puis réservez-les. Rincez le bol du robot, réunissez-y le beurre et le sucre, puis mixez jusqu'à l'obtention d'un mélange crémeux. Incorporez les œufs, la farine, le zeste, les amandes et les noisettes en poudre, puis mixez jusqu'à ce que la pâte soit homogène. Versez la frangipane sur le fond de tarte. Disposez les pêches par-dessus et enfournez la tourtière pour 30 minutes. Badigeonnez la tarte chaude de sirop, laissez refroidir et servez avec le reste du sirop à côté.

BAVAROIS AUX FRUITS ROUGES

POUR 8 PERSONNES
Préparation et cuisson : 45 min
Réfrigération : 4 h

200 g de biscuits
100 g de beurre

POUR LA MOUSSE
4 feuilles de gélatine
15 cl de crème fraîche liquide
500 g de fromage blanc
140 g de cassonade
le zeste et 4 cuill. à soupe de jus de 1 orange
400 g de framboises
30 cl de crème fraîche épaisse

POUR LE COULIS
250 g de fraises et de framboises mélangées
3 cuill. à soupe de jus d'orange
2 cuill. à soupe de cassonade

POUR SERVIR
quelques fraises, framboises et myrtilles
1 cuill. à soupe de sucre glace

1 Émiettez les biscuits et faites fondre le beurre. Mélangez-les pour en couvrir le fond d'un moule de 24 cm de diamètre. Régularisez la surface avec les doigts, puis mettez au réfrigérateur.

2 Préparez la mousse. Faites tremper la gélatine pendant 5 minutes dans de l'eau froide. Portez la crème fraîche liquide à ébullition, puis retirez-la du feu. Sortez la gélatine de l'eau, essorez-la et faites-la fondre dans la crème chaude en remuant. Laissez refroidir 5 minutes.

3 Fouettez le fromage blanc avec la cassonade, le zeste et le jus d'orange. Incorporez le mélange crème-gélatine avec les framboises, dont une partie écrasée. Fouettez légèrement la crème fraîche épaisse avant de la mélanger avec la préparation aux framboises. Versez dans le moule, puis laisser prendre pendant au minimum 4 heures au réfrigérateur.

4 Préparez le coulis. Hachez les fraises avant de mixer ensemble les ingrédients du coulis, puis mettez au réfrigérateur. Décorez le gâteau de fruits, saupoudrez de sucre glace et servez avec le coulis.

Cake à l'orange nappé de chocolat

Pour 8 personnes
Préparation et cuisson : 1 h 30

140 g de beurre ramolli
225 g de farine à levure incorporée
1 ½ cuill. à café de levure
275 g de sucre blond en poudre
3 œufs
6 cuill. à soupe de lait
le zeste finement râpé de 1 orange
3 cuill. à soupe de jus d'orange

POUR LE NAPPAGE
50 g de chocolat noir haché

1 Préchauffez le four à 180 °C (therm. 6). Tapissez de papier sulfurisé un moule à cake de 1,2 litre et beurrez-le. Dans un saladier, mélangez le beurre, la farine, la levure, 225 g de sucre, les œufs, le lait et le zeste d'orange jusqu'à l'obtention d'une pâte homogène. Versez cette préparation dans le moule et lissez la surface. Enfournez et faites cuire de 40 à 50 minutes, jusqu'à ce que le gâteau soit doré et souple.

2 Faites chauffer le jus d'orange et le reste de sucre dans une casserole à feu doux. Remuez jusqu'à ce que le sucre soit dissous. Arrosez le cake de sirop à l'orange chaud dès sa sortie du four. Laissez-le reposer avant de le démouler sur une grille.

3 Préparez le nappage. Faites fondre le chocolat au bain-marie dans une casserole ou au four à micro-ondes, réglé à puissance moyenne, pendant 1 ou 2 minutes, puis nappez-en le cake. Laissez-le refroidir avant de le découper en tranches.

Brownies au chocolat

Pour 16 brownies
Préparation et cuisson : 1 h

100 g de cacao en poudre
250 g de beurre
500 g de sucre blond en poudre
4 œufs
100 g de farine
1/2 cuill. à café de levure
100 g de noix de coco râpée

1 Préchauffez le four à 180 °C (therm. 6) et tapissez un moule carré de 20 cm de côté de papier sulfurisé. Dans une casserole, réunissez le cacao, le beurre et le sucre, puis faites chauffer à feu doux en remuant jusqu'à l'obtention d'un mélange homogène. Laissez refroidir légèrement. Battez les œufs dans un saladier, puis incorporez-les progressivement à la préparation avec la farine, la levure et la noix de coco.

2 Versez la pâte dans le moule, puis enfournez pour 45 minutes. Si la pâte brunit trop vite, couvrez-la de papier sulfurisé 15 minutes avant la fin du temps de cuisson. Laissez refroidir dans le moule, puis démoulez délicatement le brownie et coupez-le en carrés.

Biscuits au chocolat et à la noix de coco

Pour 12 biscuits
Préparation et cuisson : 40 min

1 blanc d'œuf
200 g de sucre en poudre
200 g de noix de coco fraîche
4 cuill. à soupe de farine
150 g de chocolat noir

1 Préchauffez le four à 180 °C (therm. 6) et tapissez une plaque de cuisson de papier sulfurisé. Dans un saladier, montez le blanc d'œuf en neige ferme. Ajoutez progressivement le sucre en continuant à fouetter jusqu'à l'obtention d'un mélange épais et brillant. Râpez la noix de coco. Tamisez la farine au-dessus du saladier, puis incorporez-la à la préparation avec la noix de coco.

2 Déposez 12 disques de pâte de 8 cm de diamètre sur la plaque de cuisson à l'aide d'une cuillère et d'un emporte-pièce. Enfournez pour 18 minutes. Laissez refroidir, puis transférez sur une grille.

3 Pendant ce temps, faites fondre le chocolat au micro-ondes ou au bain-marie et laissez-le légèrement refroidir. Nappez de chocolat le côté lisse des biscuits, puis réservez-les au réfrigérateur pour que le chocolat durcisse. Ces biscuits se conservent jusqu'à 2 jours dans une boîte hermétique.

Verrines banane-caramel

Pour 4 personnes
Préparation : 15 min

25 g de beurre
6 biscuits sablés
2 grosses bananes bien mûres
1 cuill. à soupe de jus de citron
5 cuill. à soupe de sauce ou nappage au caramel du commerce
15 cl de crème fraîche épaisse
20 cl de crème anglaise
copeaux de chocolat

1 Faites fondre le beurre dans une casserole à feu doux. Mettez les biscuits dans un sac à congélation et écrasez-les au rouleau à pâtisserie. Dans un récipient, mélangez les miettes avec le beurre fondu.

2 Coupez les bananes en tranches et mélangez-les dans un second récipient avec le jus de citron et la sauce au caramel. Battez la crème fraîche jusqu'à ce qu'elle tienne au fouet, puis incorporez-y la crème anglaise.

3 Déposez 1 cuillerée à soupe de miettes beurrées au fond de 4 verrines, puis recouvrez-les avec la moitié du mélange banane-caramel, puis la moitié de la crème anglaise. Remettez une couche de miettes de biscuit, une couche de banane-caramel et une couche de crème anglaise, en réservant quelques miettes pour la décoration. Parsemez de miettes de biscuit et de copeaux de chocolat. Réfrigérez jusqu'au moment de servir.

Tiramisu

Pour 6 personnes
Préparation et cuisson : 30 min
Réfrigération : 3 à 12 h

60 cl de crème fraîche épaisse
250 g de mascarpone
5 cuill. à soupe de marsala ou de vin doux
5 cuill. à soupe de sucre blond
2 cuill. à soupe de café instantané
30 cl d'eau bouillante
175 g de boudoirs
25 g de chocolat noir
2 cuill. à café de cacao en poudre

1 Dans un grand saladier, fouettez la crème fraîche avec le mascarpone, le marsala et le sucre jusqu'à ce que le mélange ait la consistance d'une crème fouettée épaisse.

2 Dans un bol, délayez le café instantané avec l'eau bouillante. Plongez les boudoirs un par un dans le café pendant quelques secondes. Tapissez le fond d'un plat de service avec la moitié des boudoirs. Couvrez de la moitié du mélange à base de crème fraîche, puis râpez presque tout le chocolat au-dessus du plat. Répétez en ajoutant successivement une couche de biscuits imbibés de café et le reste de la crème.

3 Couvrez, puis réservez aux frais pendant au moins 3 heures et jusqu'à 1 nuit. Au moment de servir, râpez le reste du chocolat dessus et parsemez-le de cacao en poudre.

SOUFFLÉ
AU CHOCOLAT NOIR

POUR 4 PERSONNES
Préparation et cuisson : 45 min

140 g de chocolat noir haché
15 cl de crème fraîche liquide
1/2 cuill. à café de café soluble
2 cuill. à soupe de cognac
3 œufs, jaunes et blancs séparés, et 2 blancs
85 g de sucre en poudre
sucre glace

POUR LA SAUCE
100 g de chocolat blanc haché
30 cl de crème fraîche liquide
1 cuill. à soupe de cognac

1 Préchauffez le four à 220 °C (therm. 7-8). À l'aide d'un pinceau, beurrez généreusement les parois d'un moule à soufflé de 1,5 l et saupoudrez-les de sucre.

2 Dans une petite casserole, faites fondre le chocolat noir avec la crème liquide et le café. Remuez pour obtenir une crème lisse, retirez du feu, puis mélangez à la préparation le cognac et les jaunes d'œufs. Laissez tiédir.

3 Battez les blancs d'œufs en neige ferme. Versez le sucre en pluie en continuant à fouetter jusqu'à ce qu'ils soient bien brillants. Mélangez-en le quart à la préparation au chocolat, puis incorporez délicatement le reste. Versez dans le moule, puis passez rapidement une lame le long des parois, pour éviter que la préparation n'adhère pendant la cuisson. Faites cuire de 20 à 25 minutes, jusqu'à ce que le soufflé soit cuit et bien gonflé.

4 Pendant ce temps, préparez la sauce. Faites fondre le chocolat blanc à feu doux avec la crème, puis ajoutez le cognac. Servez avec le soufflé saupoudré de sucre glace.

Mousse au chocolat

Pour 6 personnes
Préparation et cuisson : 30 min
Réfrigération : 2 h

200 g de chocolat noir
2 cuill. à soupe de cognac
3 blancs d'œufs
50 g de sucre blond en poudre
10 cl de crème fouettée

POUR SERVIR
sucre glace
langues de chat
ou autres gâteaux secs

1 Cassez 150 g de chocolat noir en morceaux et faites-les fondre dans une casserole au bain-marie. Retirez le bain-marie du feu et versez le cognac. Râpez le reste du chocolat en copeaux et réservez.

2 Battez les blancs d'œufs en neige ferme. Incorporez le sucre en poudre, cuillerée par cuillerée, tout en battant, jusqu'à l'obtention d'une meringue brillante. Retirez le chocolat du bain-marie et incorporez 1 cuillerée à soupe de meringue pour le détendre. Versez le tout sur la meringue et mélangez délicatement. Ajoutez la crème fouettée et deux tiers des copeaux de chocolat. Répartissez dans 6 tasses et mettez au frais pendant au moins 2 heures.

3 Saupoudrez du reste des copeaux de chocolat, puis de sucre glace, et servez avec des gâteaux secs.

Riz au lait à la banane

Pour 4 personnes
Préparation et cuisson : 50 min

175 g de riz rond
2 cuill. à soupe de crème anglaise en poudre
85 cl de lait écrémé
4 cuill. à soupe de sucre roux
2 bananes
1/2 cuill. à café de cannelle en poudre

1 Versez le riz dans une passoire, puis rincez-le jusqu'à ce que l'eau soit claire. Dans une casserole, mélangez le riz avec la crème anglaise, le lait et la moitié du sucre. Couvrez et laissez mijoter 40 minutes environ, en remuant régulièrement.

2 Épluchez les bananes, puis coupez-les en rondelles et incorporez-les à la préparation. Dans un bol, mélangez le reste du sucre avec la cannelle. Répartissez le riz au lait dans des bols. Parsemez de sucre à la cannelle, puis servez.

Poires Belle-Hélène

Pour 4 personnes
Préparation et cuisson : 35 min

1 gousse de vanille
1 morceau de gingembre de 3 cm
750 g de sucre blond en poudre
1 bâton de cannelle
1 anis étoilé
5 clous de girofle
2 lamelles de zeste de citron
4 poires mûres

POUR LA SAUCE AU CHOCOLAT
15 cl de crème fraîche épaisse
15 cl de lait
1 pincée de cannelle en poudre
200 g de chocolat noir

POUR SERVIR
glace à la vanille (facultatif)

1 Portez 50 cl d'eau à ébullition dans une casserole. Fendez la gousse de vanille dans le sens de la longueur. Pelez le gingembre, puis émincez-le. Ajoutez dans la casserole la vanille, le gingembre, le sucre, les épices et le zeste de citron. Couvrez, puis laissez cuire à feu doux jusqu'à ce que le sucre soit complètement dissous. Pelez les poires en gardant les queues et ajoutez-les dans la casserole. Faites-les cuire 20 à 30 minutes dans le sirop en vérifiant qu'elles soient tendres avec la pointe d'un couteau. Laissez refroidir.

2 Préparez la sauce au chocolat. Dans une casserole, mélangez la crème fraîche avec le lait et la cannelle. Portez à ébullition, puis arrêtez le feu. Hachez le chocolat et incorporez-le à la préparation en remuant jusqu'à ce qu'il ait fondu.

3 Au moment de servir, égouttez les poires. Tenez-les par la tige, puis plongez-les délicatement dans la sauce au chocolat. Servez éventuellement avec une boule de glace à la vanille.

Pommes rôties

Pour 6 personnes
Préparation et cuisson : 40 min

- 8 abricots séchés
- 75 g de beurre
- 50 g de chapelure
- 75 g de sucre en poudre
- 1 cuill. à café de cannelle en poudre
- le zeste de 1 orange
- 6 grosses pommes (granny smith)
- le jus de 1 orange

POUR SERVIR
crème anglaise, glace
ou crème fraîche liquide (facultatif)

1 Hachez grossièrement les abricots et coupez le beurre en dés. Dans un saladier, mélangez les abricots avec le beurre, la chapelure, le sucre, la cannelle et le zeste d'orange.

2 Évidez les pommes, puis pratiquez une entaille horizontale dans la peau à mi-hauteur du fruit. Répartissez la préparation à base d'abricots dans les pommes et disposez-les dans une casserole. Dans un bol, mélangez le jus d'orange avec 10 cl d'eau et versez le tout sur les pommes. Couvrez, puis laissez mijoter 30 minutes environ. Servez avec le jus de cuisson des pommes et, si vous le souhaitez, de la crème anglaise.

PAIN PERDU AUX PRUNES ET AU CITRON

POUR 4 PERSONNES
Préparation et cuisson : 30 min

2 œufs
10 cl de lait
le zeste de 1 citron
4 cuill. à soupe de sucre en poudre
4 tranches de pain de mie ou de brioche
50 g de beurre
450 g de prunes
1 cuill. à soupe de jus de citron

POUR SERVIR
crème fraîche ou glace à la vanille (facultatif)

1 Mélangez les œufs battus avec le lait, le zeste de citron et 1 cuillerée à soupe de sucre dans un saladier. Ajoutez les tranches de pain coupées en deux dans le sens de la diagonale et retournez-les pour bien les imprégner de ce mélange.

2 Faites fondre 2 cuillerées de soupe de sucre avec la moitié du beurre dans une poêle à feu doux. Faites-y revenir les prunes coupées en deux et dénoyautées pendant 5 minutes. Arrosez de jus de citron et laissez chauffer à feu doux jusqu'à l'obtention d'un sirop léger.

3 Faites chauffer le reste de beurre dans une grande poêle antiadhésive, puis mettez-y à dorer de chaque côté les tranches de pain. Dressez 2 tranches sur chaque assiette, parsemez du reste de sucre, puis ajoutez les prunes avec le sirop. Servez nature ou, si vous le souhaitez, avec de la crème fraîche ou de la glace à la vanille.

MACARONS AU CHOCOLAT

POUR 12 MACARONS
Préparation et cuisson : 30 min
Repos de la pâte : 15 min
Repos des biscuits : 1 semaine

125 g de sucre glace
1 cuill. à soupe de cacao en poudre
100 g d'amandes en poudre
2 blancs d'œufs

POUR LA GARNITURE
50 g de chocolat noir ou au lait
2 cuill. à café de lait écrémé

1 Préchauffez le four à 180 °C (therm. 6) et tapissez une plaque de cuisson de papier sulfurisé. Tamisez le sucre glace et le cacao au-dessus d'un saladier. Ajoutez les amandes, puis mélangez le tout. Battez les blancs d'œufs en neige dans un autre récipient et incorporez-les à la préparation.

2 Transférez la pâte dans une poche à douille équipée d'un embout lisse. Déposez 24 disques de pâte de 3 cm de diamètre sur la plaque de cuisson, puis lissez leur surface et laissez reposer 15 minutes. Enfournez pour 20 minutes. Laissez refroidir, puis transférez les biscuits dans une boîte en métal et réservez-les pendant 1 semaine.

3 Le jour même, préparez la garniture. Faites fondre le chocolat. Réchauffez légèrement le lait au micro-ondes et incorporez-le au chocolat. Laissez reposer le mélange pendant quelques minutes, puis répartissez-le sur la moitié des biscuits. Ajoutez les biscuits sans garniture pour former les macarons.

Sorbet au chocolat

Pour 4 personnes
Préparation et cuisson : 15 à 20 min
+ réfrigération

225 g de sucre en poudre
200 g de chocolat noir

1 Dans une casserole, faites bouillir le sucre avec 50 cl d'eau jusqu'à sa complète dissolution. Retirez le sirop du feu et laissez complètement refroidir.

2 Faites fondre le chocolat dans une casserole au bain-marie ou au four à micro-ondes, puis laissez refroidir.

3 Mélangez doucement le sirop et le chocolat dans un récipient allant au congélateur, puis placez-le. au congélateur. Si vous disposez d'une sorbetière, versez-y la préparation, laissez turbiner, puis transférez le sorbet dans un récipient fermé pour le conserver au congélateur.

INDEX DES RECETTES PAR ORDRE ALPHABÉTIQUE

Bavarois aux fruits rouges 186
Biscuits au chocolat et à la noix de coco 192
Blancs de poulet panés et mayonnaise au citron 92
Bœuf bourguignon 66
Boulettes de viande à la sauce tomate 62
Brie au four, au miel et aux noix de pécan 20
Brownies au chocolat 190
Cake à l'orange nappé de chocolat 188
Canard au vin 102
Cannellonis au bœuf 58
Cannellonis aux épinards et à la feta 148
Carpaccio de bœuf 40
Côtes de porc au cidre et légumes d'hiver 70
Crottins grillés et salade de poire 18
Feuilletés aux champignons et au parmesan 24
Filets de poisson et sauce aux câpres 110
Frittata au chèvre et aux petits pois 168
Garbure au jambonneau 72
Gigot d'agneau à la boulangère 80
Gigot d'agneau et petits pois 78
Gratins de macaronis 146
Hachis Parmentier 56
Haddock aux pommes de terre et à la crème 112
Koulibiac de truite 120
Lasagnes à la bolognaise 60
Macarons au chocolat 210
Magret de canard au chou 100
Maquereaux grillés et boulgour aux herbes 126
Marmite de la mer 130
Minestrone aux spaghettis 14
Moules à la crème 132
Mousse au chocolat 200
Œufs cocotte au jambon et à la tomate 38
Omelette aux champignons 170
Omelette légère 166
Pain perdu aux prunes et au citron 208
Pappardelle aux champignons 152
Pâtes au pesto 150
Pavés de saumon et légumes au four 116
Pintade aux marrons et aux champignons 104
Pissaladière 26
Pizzas margherita 154
Poires Belle-Hélène 204
Poisson au four à la sauce tomate 108
Poisson grillé et salade de courgettes 122
Poivrons farcis au poulet 96
Pommes rôties 206
Potage de légumes 10
potée d'agneau aux légumes 76
Poulet au chou et aux carottes à la vapeur 90

Poulet au lard et à la moutarde	88
Poulet aux légumes de printemps	94
Poulet aux panais	86
Poulet rôti aux légumes d'été	84
Poulet rôti et pommes de terre aux herbes	82
Quiche au fromage et à l'oignon	160
Ragoût de bœuf haché aux haricots	64
Ragoût de saucisses aux haricots	74
Ratatouille	164
Rillettes de maquereau fumé au citron	44
Risotto à la courge	142
Risotto aux petits pois et à la menthe	144
Riz au lait à la banane	202
Rôti de bœuf aux échalotes confites	48
Roulé de porc aux poireaux	68
Saint-jacques à la sauce vierge	134
Salade aux lardons	28
Salade aux pommes de terre et au thon	36
Salade César tiède	34
Salade niçoise	30
Salade tiède aux foies de volaille	32
Saumon à la moutarde et à l'aneth	114
Saumon en papillote	118
Sorbet au chocolat	212
Soufflé au chocolat noir	198
Soufflés aux deux fromages	22
Soupe à la tomate et à la carotte	6
Soupe au poulet et aux petits pois	16
Soupe glacée aux petits pois et au cresson	8
Spaghettis aux palourdes	138
Spaghettis au crabe et aux petits pois	136
Steaks de bœuf et échalotes au vin rouge	52
Steaks fondants, sauce parfumée au beurre	50
Tarte aux fraises	174
Tarte aux pêches et à la frangipane	184
Tarte aux tomates cerises et au parmesan	156
Tarte forestière	158
Tarte Tatin et crème au calvados	180
Tartelettes aux poires caramélisées	176
Tartelettes au citron meringuées	182
Tartelettes aux pommes minute	178
Terrine de jambon au persil	42
Thon grillé aux haricots verts et salsa verte	128
Tiramisu	196
Tourte au bœuf et aux champignons	54
Tourte au fromage et aux pommes de terre	162
Tourte au poulet et aux légumes	98
Truite à la sauce au cresson	124
Velouté de champignons	12
Verrines banane-caramel	194

TABLE DES ÉQUIVALENCES FRANCE-CANADA

Poids									
	55 g	100 g	150 g	200 g	250 g	300 g	500 g	750 g	1 kg
	2 onces	3,5 onces	5 onces	7 onces	9 onces	11 onces	18 onces	27 onces	36 onces

Ces équivalences permettent de calculer le poids à quelques grammes près (en réalité, 1 once = 28 g).

Capacités							
	5 cl	10 cl	15 cl	20 cl	25 cl	50 cl	75 cl
	2 onces	3,5 onces	5 onces	7 onces	9 onces	17 onces	26 onces

Pour faciliter la mesure des capacités, une tasse équivaut ici à 25 cl (en réalité, 1 tasse = 8 onces = 23 cl).

Crédits photographiques
Marie-Louise Avery : p. 127 ; Iain Bagwell : p. 213 ; Peter Cassidy : p. 21, p. 77, p. 109, p. 129, p. 145, p. 151, p. 163, p. 179, p. 195, p. 197, p. 211 ; Jean Cazals : p. 13, p. 25, p. 159 ; Ken Field : p. 113 ; Gus Filgate : p. 147, p. 183 ; Will Heap : p. 73, p. 99 ; William Lingwood : p. 9 ; Gareth Morgans : p. 57, p. 71, p. 79, p. 91, p. 149, p. 167, p. 203 ; David Munns : p. 19, p. 51, p. 59, p. 133, p. 139, p. 143, p. 155, p. 157, p. 165, p. 169, p. 189 ; Myles New : p. 15, p. 33, p. 45, p. 67, p. 75, p. 83, p. 131, p. 191 ; Lis Parsons : p. 7, p. 17, p. 55, p. 87, p. 97, p. 101, p. 123, p. 161, p. 187, p. 207 ; Michael Paul : p. 41 ; William Reavell : p. 37 ; Craig Robertson : p. 11, p. 35 ; Brett Stevens : p. 29, p. 119 ; Roger Stowell : p. 23, p. 27, p. 31, p. 39, p. 65, p. 93, p. 105, p. 175, p. 199, p. 201, p. 209 ; Debi Treloar : p. 103 ; Simon Walton : p. 115, p. 153, p. 171, p. 177, p. 205 ; Philip Webb : p. 49, p. 53, p. 61, p. 63, p. 69, p. 81, p. 85, p. 89, p. 95, p. 121, p. 137, p. 185, p. 193 ; Simon Wheeler : p. 43, p. 111, p. 125, p. 181 ; Kate Whitaker : p. 117, p. 135

Édition originale
Ces recettes ont été publiées pour la première fois par BBC books, une marque de Ebury Publishing,
un département de The Random House Group Ltd.

Édition française
Direction de la publication : Isabelle Jeuge-Maynart et Ghislaine Stora
Direction éditoriale : Émilie Franc
Édition : Ewa Lochet
Conception graphique : Anna Bardon
Informatique éditoriale : Philippe Cazabet
Finalisation maquette : Les PAOistes
Fabrication : Donia Faiz

ISBN : 978-2-03-594820-5

Imprimé en Espagne par Unigraf
Dépôt légal : janvier 2018
320475/01 – 11036589 – novembre 2017